课本里的作家

荷花·爬山虎的脚

叶圣陶／著

小学语文同步阅读
三年级
彩插精读版

山东教育出版社
·济南·

图书在版编目（CIP）数据

荷花·爬山虎的脚 / 叶圣陶著 . — 济南：山东教
育出版社，2023.1（2023.3 重印）
（爱阅读·课本里的作家）
ISBN 978-7-5701-2405-3

Ⅰ．①荷… Ⅱ．①叶… Ⅲ．①阅读课—小学—教学参
考资料 Ⅳ．①G624.233

中国版本图书馆 CIP 数据核字（2022）第 234130 号

HEHUA · PASHANHU DE JIAO

荷花·爬山虎的脚

叶圣陶　著

主管单位：山东出版传媒股份有限公司
出版发行：山东教育出版社
　　　　　地址：济南市市中区二环南路 2066 号 4 区 1 号　邮编：250003
　　　　　电话：（0531）82092600　　　　网址：www.sjs.com.cn
印　　刷：天津泰宇印务有限公司
版　　次：2023 年 1 月第 1 版
印　　次：2023 年 3 月第 2 次印刷
开　　本：700 mm × 1000 mm　1/16
印　　张：12
字　　数：145 千
定　　价：35.80 元

（如印装质量有问题，请与印刷厂联系调换）
印厂电话：022-29649190

出金华城大约五公里到罗店，过了罗店就渐渐入山。公路盘曲而上。山上开满了映山红，无论花朵和叶子，都比盆栽的杜鹃显得有精神。

记金华的双龙洞

大雁　　　大雁从南方飞回去，用芦秆等东西做基础，放上枯叶和羽毛，做成了窠（kē），就把卵生在窠里。母雁孵卵非常专心，除非十分饥饿，它绝不肯离开一步。

小白船

小溪的右岸停着一条小小的船。这是一条很可爱的小船，船身是白的，它的舵和桨，它的帆，也都是白的；形状像一支梭子，又狭又长。

稻草人

一个满天星斗的夜里，他看守着田地，手里的扇子轻轻摇动。新出的稻穗一个挨一个，星光射在上面，有些发亮，像顶着一层水珠；有一点儿风，就沙啦沙啦地响。稻草人看着，心里很高兴。

牵牛花

那藤蔓缠着麻线卷上去，嫩绿的头看似静止的，并不动弹，实际却无时不回旋向上，在先朝这边，停一歇再看，它便朝那边了。

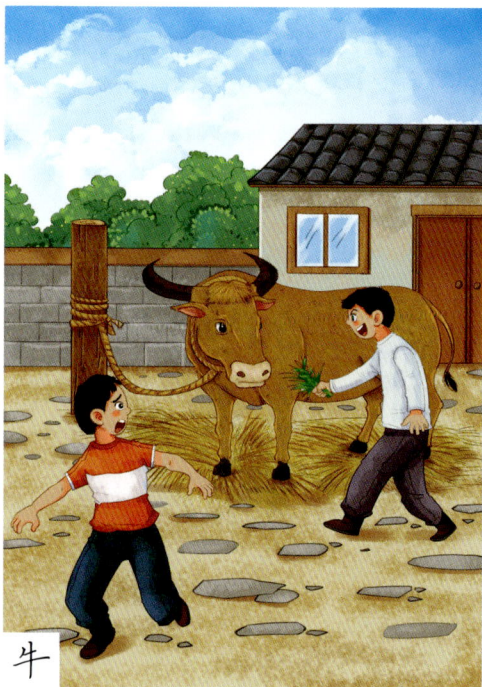
牛

有好几回，我见牛让他们惹得发了脾气。它绕着拴住它的木桩了，一圈儿一圈儿地转。低着头，斜起角，眼睛打角底下瞪出来，就好像这一撞要把整个天地翻个身似的。

总序

    北京书香文雅图书文化有限公司的李继勇先生与我联系，说他们策划了一套《爱阅读·课本里的作家》丛书，读者对象主要是中小学生，可以作为学生的课外阅读用书，希望我写篇序。作为一名语文教育工作者，在中共中央办公厅、国务院办公厅印发《关于进一步减轻义务教育阶段学生作业负担和校外培训负担的意见》（以下简称"双减"）的大背景下，为学生推荐这套优秀课外读物责无旁贷，也更有意义。

一、"双减"以后怎么办？

    "双减"政策对义务教育阶段学生的作业和校外培训作出严格规定。我认为这是一件好事。曾几何时，我们的中小学生作业负担重，不少学生不是在各种各样的培训班里，就是在去培训班的路上。学生"学"无宁日，备尝艰辛；家长们焦虑不安，苦不堪言。校外培训机构为了增强吸引力，到处挖掘优秀教师资源，有些老师受利益驱使，不能安心从教。他们的行为破坏了教育生态，违背了教育规律，严重影响了我国教育改革发展。教育是什么？教育是唤醒，是点燃，是激发。而校外培训的噱头仅仅是提高考试成绩，让学生在中高考中占得先机。他们的广告词是"提高一分，干掉千人"，大肆渲染"分数为王"，在这种压力之下，学生面对的是"分萧萧兮题海寒"，不得不深陷题海，机械刷题。假如只有一部分学生上培训班，提高的可能是分数。但是，如果大多数学生或者所有学生都去上培训班，那提高的就不是分数，而只是分数线。教育的根本任务是立德树人，是培根铸魂，是启智增慧，是让学生的德智体美劳全面发展，是培养社会主义建设者和接班人，是为中华民族伟大复兴提供人才，而不是培养只会考试的"机器"，更不能被资本所"绑架"。所以中央才"出重拳""放实招"，目的就是要减轻学生过重的课业负担，减轻家长过重的经济和精神负担。

    "双减"政策出台后，学生们一片欢呼，再也不用在各种培训班之间来回奔波了，但家长产生了新的焦虑：孩子学习成绩怎么办？而对学校老师来说，这是一个新挑战、新任务，当然也是新机遇。学生在校时间增加，要求老师提升教学水平，科学合理布置作业，同时开展课外延伸服务，事实上是老师陪伴学生的时间增加了。这部分在校时间怎么安排？如何让学生利用好课外时间？这一切考验着老师们的智慧。而开展各种课外活动正好可以解决这个难题。比如：热爱人文的，可以开展阅读写作、演讲辩论，学习传统文化和民风民俗等社团活动；喜爱数理的，可以组织科普科幻、实验研究、统计测量、天文观测等兴趣小组；也可以开展体育比赛、艺术体验（音乐、美术、书法、戏剧……）和劳动教育等实践活动。当然，所有的活动都应以培养学生的兴趣爱好为目的，以自愿参加为前提。学校开展课后服务，可以多方面拓展资源，比如博物馆、图书馆、科技馆、陈列馆、少年宫、青少年活动中心，甚至校外培训机构的优质服务资源，还可组织征文比赛、志愿服务、社会调查等，助力学生全面发展。

二、课外阅读新机遇

近年来，新课标、新教材、新高考成为语文教育改革的热词。我曾经看到一个视频，说语文在中高考中的地位提高了，难度也加大了。这种说法有一定道理，但并不准确。说它有一定道理，是因为语文能力主要指一个人的阅读和写作能力，而阅读和写作能力又是一个人综合素养的体现。语文能力强，有助于学习别的学科。比如数学、物理中的应用题，如果阅读能力上不去，读不懂题干，便不能准确把握解题要领，也就没法准确答题；英语中的英译汉、汉译英题更是考查学生的语言表达能力；历史题和政治题往往是给一段材料，让学生去分析、判断，得出结论，并表述自己的观点或看法。从这点来说，语文在中高考中的地位提高有一定道理。说它不准确，有两个方面的理由：一是语文学科本来就重要，不是现在才变得重要，之所以产生这种错觉，是因为在应试教育的背景下，语文的重要性被弱化了；二是语文考试的难度并没有增加，增加的只是阅读思维的宽度和广度，考查的是阅读理解、信息筛选、应用写作、语言表达、批判性思维、辩证思维等关键能力。可以说，真正的素质教育必须重视语文，因为语文是工具，是基础。不少家长和教师认为课外阅读浪费学习时间，这主要是教育观念问题。他们之所以有这种想法，无非是认为考试才是最终目的，希望孩子可以把更多时间用在刷题上。他们只看到课标和教材的变化，以为考试还是过去那一套，其实，考试评价已发生深刻变革。目前，考试评价改革与新课标、新教材改革是同向同行的，都是围绕立德树人做文章。中共中央、国务院印发的《深化新时代教育评价改革总体方案》明确指出："稳步推进中高考改革，构建引导学生德智体美劳全面发展的考试内容体系，改变相对固化的试题形式，增强试题开放性，减少死记硬背和'机械刷题'现象。"显然就是要用中高考"指挥棒"引领素质教育。新高考招生录取强调"两依据，一参考"，即以高考成绩和高中学业水平考试成绩为依据，以综合素质评价为参考。这也就是说，高考成绩不再是高校选拔新生的唯一标准，不只看谁考的分数高，而是看谁更有发展潜力、更有创造性，综合素质更高，从而实现由"招分"向"招人"的转变。而这绝不是仅凭一张高考试卷能够区分出来的，"机械刷题"无助于全面发展，必须在课内学习的基础上，辅之以内容广泛的课外阅读，才能全面提高综合素养。

三、"爱阅读"助力成长

这套《爱阅读·课本里的作家》丛书是为中小学生读者量身打造的，符合《义务教育语文课程标准》倡导的"好读书、读好书、读整本的书"的课改理念，可以作为学生课内学习的有益补充。我一向认为，要学好语文，一要读好三本书，二要写好两篇文，三要养成四个好习惯。三本书指"有字之书""无字之书""心灵之书"，两篇文指"规矩文"和"放胆文"，四个好习惯指享受阅读的习惯、善于思考的习惯、乐于表达的习惯和自主学习的习惯。古人说"读万卷书，行万里路"，实际上就是要处理好读书与实践的关系。对于中小学生来说，读书首先是读好"有字之书"。"有字之书"，有课本，有课外自读课本，还有"爱阅读"这样的课外读物。读书时我们不能眉毛胡子一把抓，要区分不同的书，采取不同的读法。一般说来，读法有精读，有略读。精读需要字斟句酌，需要咬文嚼字，但费时费力。当然也不是所有的书都需要精读，可以根据自己的需要决定精读还是略读。新课标提倡中小学生进行整本书阅读，但是学生往往不能耐着性子读完一整本书。新课标提倡的整本书阅读，主要是针对过去的单篇教学来说的，并不是说每本书都要从头读到尾。教材设计的练习项目也是有弹性的、可选择的，不可能有统一的"阅读计划"。我的建议是，整本书阅读应把精读、略读与浏览结合起来，精读重在示范，略读重在博览，浏览略观大意即可，三者相辅相成，不宜偏于一隅。不仅如此，学生还可以把阅读与写作、读书与实践、课内与课外结合起来。整本书阅读重在掌握阅读方法，拓展阅读视野，培养读书兴趣，养成阅读习惯。

再说写好两篇文。学生读得多了，素养提高了，自然有话想说，有自己的观点和看法要发表。发表的形式可以是口头的，也可以是书面的，书面表达就是写作。写好两篇文，一篇规矩文，一篇放胆文。规矩文重打基础，放胆文更见才气。规矩文要求练好写作基本功，包括审题、立意、选材、构思等，同时还要掌握记叙文、议论文、说明文、应用文的基本要领和写作规范。规矩文的写作要在教师的指导下进行。放胆文则鼓励学生放飞自我、大胆想象，各呈创意、各展所长，尤其是展现自己的写作能力、语言表达能力、批判性思维能力和辩证思维能力。放胆文的写作可以多种多样，除了大作文，也可以写小作文。有兴趣的学生还可以进行文学创作，写诗歌、小说、散文、剧本等。

学习语文还要养成四个好习惯。第一，享受阅读的习惯。爱阅读非常重要，每个同学都应该有自己的个性化书单。有的同学喜欢网络小说也没有关系，但需要防止沉迷其中，钻进"死胡同"。这套《爱阅读·课本里的作家》丛书，给中小学生课外阅读提供了大量古今中外的名家名作。第二，善于思考的习惯。在这个大众创业、万众创新的时代，创新人才的标准，已不再是把已有的知识烂熟于心，而是能够独立思考，敢于质疑，能够自己去发现问题、提出问题和解决问题，需要具有探究质疑能力、独立思考能力、批判性思维和辩证思维能力。第三，乐于表达的习惯。表达的乐趣在于说或写的过程，这个过程比说得好、写得完美更重要。写作形式可以不拘一格，比如作文、日记、笔记、随笔、漫画等。第四，自主学习的习惯。我的地盘我做主，我的语文我做主。不是为老师学，也不是为父母长辈学，而是为自己的精神成长学，为自己的未来学。

愿广大中小学生能借助这套《爱阅读·课本里的作家》丛书，真正爱上阅读，插上想象的翅膀，飞向未来的广阔天地！

目录

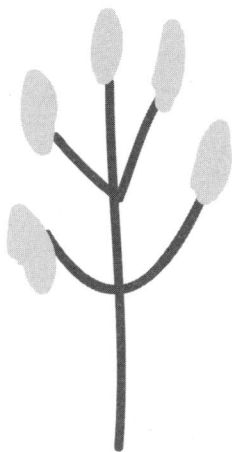

我爱读课文

原文赏读

荷 花

体　　裁：散文

作　　者：叶圣陶

创作时间：当代

作品出处：部编版语文三年级（下册）

内容简介：《荷花》这篇课文主要讲了作者到公园观赏荷花，看到荷花池中的荷花美景，产生联想，想象自己变身荷花，最后又回到现实的故事。

////////////////// 读前导航 //////////////////

阅读准备

　　叶圣陶对乡镇的风土人情及人们的生活习性极其了解，这些劳动人民和各种各样的事物都成了叶圣陶笔下的"主角"。叶圣陶有着深刻的洞察力，擅长用简洁恰当的语言，准确生动地表达情感。叶圣陶的作品内容丰富、选材多样，文笔犀利、幽默，充分显示了其厚重的文学功底及丰富的人生阅历。

目标我知道

学习目标	会写"瓣、蓬、胀、裂、姿、势、仿、佛、随、蹈、止"等生字 会认"挨、翩"等生字 读准多音字"挨、骨",并能正确运用
学习重点	默读课文,提取有关语句,说说自己是从哪些地方体会到了这一池荷花是"一大幅活的画"
学习难点	能仿照课文第2自然段,写一种自己最喜欢的植物

/////////////// 精彩赏读 ///////////////

课本原文

荷花

①清早,我到公园去玩,一进门就闻到一阵清香。我赶紧往荷花池边跑去。

【第一部分(①段):作者清晨去公园看荷花。】

②荷花已经开了不少了。荷叶挨挨挤挤的,

[1] 比喻句，生动形象地写出了荷叶的颜色和形状。"挨挨挤挤"一词突出了荷叶数量多，长势茂盛。

像一个个碧绿的大圆盘[1]。白荷花在这些大圆盘之间冒出来。有的才展开两三片花瓣儿。有的花瓣儿全展开了，露出嫩黄色的小莲蓬。有的还是花骨朵儿，看起来饱胀得马上要破裂似的。

（段解：写荷花优美的姿态。）

③这么多的白荷花，一朵有一朵的姿势。看看这一朵，很美；看看那一朵，也很美。如果把眼前的一池荷花看作一大幅活的画，那画家的本领可真了不起[2]。

[2] 作者直抒胸臆，赞美了荷花的美和大自然的神奇。

（段解：写白荷花美得像一幅活的画。）

【第二部分（②—③段）：描写了荷花的形状和姿态。】

④我忽然觉得自己仿佛就是一朵荷花，穿着雪白的衣裳，站在阳光里。一阵微风吹过来，我就翩翩起舞，雪白的衣裳随风飘动。不光是我一朵，一池的荷花都在舞蹈。风过了，我停止了舞蹈，静静地站在那儿。蜻蜓飞过来，告诉我清早飞行的快乐。小鱼在脚下游过，告诉我昨夜做的好梦……

（段解：写作者观赏荷花时的想象。）

⑤过了好一会儿，我才记起我不是荷花，我是在看荷花呢[1]。

（段解：写作者观赏荷花时的感受。）

【第三部分（④—⑤段）：写作者观赏荷花时的想象和感受。】

[1]这段话是作者沉醉在其中，忘我心境的真实写照。作者忘记了自己是在看荷花，说明荷花的美丽所产生的巨大魅力。

作品赏析

这篇课文描写了夏日公园里一池荷花盛开时的情景，以及作者沉浸在此景中，与荷花融为一体的感受。作者以丰富的想象力，描写了荷花的清新美丽，表达了作者对荷花顽强的生命力及高洁的品格的赞美和热爱大自然的感情。

/////////////积累与表达/////////////

字词我来记

会写的字

bàn	部首	笔画	结构	造字	组词
瓣	辛	19	左中右	形声	花瓣 豆瓣
	辨字	辫（辫子） 辨（辨别） 辩（辩解 辩论）			
字义	1. 花瓣。 2. 量词，用于花瓣、叶片或种子、果实、球茎分开的小块儿。				
造句	下课后，同学们收集落下的花瓣来做标本。				

péng 蓬	部首	笔画	结构	造字	组词
	艹	13	上下	形声	莲蓬 蓬松
	辨字	篷（帐篷） 逢（相逢）			
字义	1.用于枝叶茂盛的花草或浓密的头发。 2.使蓬松。				
造句	春天到了，蒲公英开出了蓬松的花。				

zhàng 胀	部首	笔画	结构	造字	组词
	月	8	左右	形声	膨胀 肚子胀
	辨字	帐（帐篷 蚊帐） 账（账号 记账）			
字义	1.膨胀。 2.身体内壁受到压迫而产生不舒服的感觉。				
造句	吸足了水的海绵逐渐膨胀了起来。				

liè 裂	部首	笔画	结构	造字	组词
	衣	12	上下	形声	分裂 破裂
	辨字	烈（热烈 强烈） 装（服装 装扮）			
字义	破而分开；破成两部分或几部分。				
造句	大豆成熟以后，豆荚容易破裂。				

zī 姿	部首	笔画	结构	造字	组词
	女	9	上下	形声	姿势 姿态
	辨字	婆（婆婆 外婆） 资（资金 资产）			
字义	1.姿势。 2.容貌。				
造句	爷爷打太极拳的姿势非常优美。				

shì 势	部首	笔画	结构	造字	组词
	力	8	上下	形声	手势 权势
	辨字	热（热心 热爱） 挚（真挚 挚友）			
字义	1.姿态。 2.势力。				
造句	交警打了一个左拐弯的手势。				

fǎng	部首	笔画	结构	造字	组词
仿	亻	6	左右	形声	仿照　模仿
	辨字	访（访问　拜访）　舫（画舫　游舫）			
字义	1.类似；像。2.仿效；效法。				
造句	小明的模仿能力很强。				

fú	部首	笔画	结构	造字	组词
佛	亻	7	左右	形声	仿佛
	辨字	沸（沸腾　沸点）　拂（拂尘　拂晓）			
字义	【仿佛】1.似乎；好像。2.像；类似。				
造句	他干起活儿来仿佛不知道疲倦。				

suí	部首	笔画	结构	造字	组词
随	阝	11	左右	形声	随意　随便
	辨字	髓（骨髓　精髓）　隋（隋朝）			
字义	1.跟。2.顺从。3.顺便。				
造句	我随着人流走到了公园的门口。				

dǎo	部首	笔画	结构	造字	组词
蹈	足	17	左右	形声	舞蹈　手舞足蹈
	辨字	稻（稻田　稻谷）			
字义	1.跳动。2.践踏；踩。3.跳入；投入。				
造句	弟弟高兴得手舞足蹈。				

zhǐ	部首	笔画	结构	造字	组词
止	止	4	独体	象形	停止　禁止
	辨字	址（地址　遗址）			
字义	1.停止。2.拦阻；使停止。3.（到、至……）截止。				
造句	妈妈的眼泪止不住地流下来。				

会认的字

āi	组词
挨	挨近 挨着

piān	组词
翩	翩翩起舞 翩然

多音字

挨 $\begin{cases}\bar{a}i（挨近）（挨着）\\ái（挨饿）（挨打）\end{cases}$

辨析：表示"靠近""顺着（次序）"时，读 āi，如，一个挨一个、挨门挨户；表示"遭受、忍受""困难地度过时光""拖延"时，读 ái，如，挨了一顿打、挨过了苦日子。

骨 $\begin{cases}g\bar{u}（骨朵儿）（骨碌）\\g\check{u}（骨头）（骨气）\end{cases}$

辨析：表示"尚未开放的花朵""滚动"时，读 gū；表示"在物体内部支撑的架子""品质、气概"时，读 gǔ。

近义词

清香—芳香　　　　　　姿势—姿态

仿佛—好像　　　　　　赶紧—赶快

本领—本事　　　　　　如果—假如

挨挨挤挤—摩肩接踵

反义词

展开—合拢　　破裂—完整　　停止—开始

快乐—悲伤　　粗心—仔细

日积月累

1. 荷叶挨挨挤挤的，像一个个碧绿的大圆盘。

2. 有的花瓣儿全展开了，露出嫩黄色的小莲蓬。有的还是花骨朵儿，看起来饱胀得马上要破裂似的。

3. 如果把眼前的一池荷花看作一大幅活的画，那画家的本领可真了不起。

4. 我忽然觉得自己仿佛就是一朵荷花，穿着雪白的衣裳，站在阳光里。一阵微风吹过来，我就翩翩起舞，雪白的衣裳随风飘动。

5. 蜻蜓飞过来，告诉我清早飞行的快乐。小鱼在脚下游过，告诉我昨夜做的好梦……

读后感想

读《荷花》有感

我最喜欢的文章是著名作家和教育家叶圣陶的

《荷花》。

这篇文章描写了夏日公园里一池荷花盛开的情景，以及"我"沉浸在此景中与荷花融为一体的感受。叶圣陶爷爷以丰富的想象力，描写了荷花的清新美丽，展现了一幅各具姿态、色彩明艳、活生生的水中荷花的画面。读来使人身临其境，仿佛自己也是一朵荷花，随着微风翩翩起舞，使人陶醉、流连忘返。每一次读都给我不同的感受和体会，使我爱不释手！

一个星期六，我到外婆家去。她知道我喜欢荷花，于是买了荷花的种子——莲子给我，还帮我种了下去，我实在是太高兴了。之后我每个周末都去外婆家观察。荷秆已经长得有一米多高了，就是不见开花。过了几个月，我放暑假时，已是夏天了。夏天是荷花盛开的季节，它们全都开花了。有红有白，花瓣白嫩嫩的，好漂亮！我兴奋得无法形容！我站在池塘边沉浸在荷花的芬芳里，一边观赏，一边体会《荷花》。

荷花给人美的享受，《荷花》给我一种超凡脱俗的感觉，使我感悟：人与自然完美和谐地融为一体，这种境界多么美好！

我爱荷花，更爱叶圣陶爷爷写的《荷花》这篇文章。

精彩语句

1.有红有白，花瓣白嫩嫩的，好漂亮！我兴奋得无法形容！

看见自己亲手栽种的荷花，开出了美丽的花，作者激动的心情无法形容。"无法形容"这四个字言已尽而意无穷。

2. 荷花给人美的享受，《荷花》给我一种超凡脱俗的感受，使我感悟：人与自然完美和谐地融为一体，这种境界多么美好！

通过种荷花，读《荷花》，作者得出了自己的感悟，升华了主题。

妙笔生花

小朋友，你喜欢什么花呢？它长什么样子，什么颜色、气味……快拿起手中的笔，描述一下你心中美丽的花儿吧！

_____

_____

_____

_____

_____

_____

_____

////////////////////////// 知识乐园 //////////////////////////

一、读拼音，写词语。

zī shì

wǔ dǎo

fǎng fú

tíng zhǐ

pò liè

lián peng

二、下列加点字的注音有误的一项是（　　）。

A. 花骨（gū）朵儿

B. 衣裳（shāng）

C. 挨（āi）挨挤挤

三、在括号内填上恰当的量词。

一（　）清香　　　一（　）花瓣　　　一（　）荷花

一（　）大圆盘　　一（　）画　　　　一（　）微风

四、判断下列句子是否为比喻句，是的打"√"，不是的打"×"。

1. 荷叶挨挨挤挤的，像一个个碧绿的大圆盘。（　）

2. 有的还是花骨朵儿，看起来饱胀得马上要破裂似的。（　）

3. 如果把眼前的一池荷花看作一大幅活的画，那画家的本领可真了不起。（　）

五、根据课文内容，选择正确答案。

对"我忽然觉得自己仿佛就是一朵荷花，穿着雪白的衣裳，站在阳光里"理解错误的一项是（　）。

A.作者看荷花入迷了，进入了"忘我"的境界，觉得自己成了一朵荷花。

B.表现了作者对荷花的喜爱之情，在感受成为荷花的快乐。

C.作者因为厌倦社会生活，所以想成为一朵荷花。

六、阅读下面这段话，然后填空。

荷花已经开了不少了。荷叶挨挨挤挤的，像一个个碧绿的大圆盘。白荷花在这些大圆盘之间冒出来。有的才展开两三片花瓣儿。有的花瓣儿全展开了，露出嫩黄色的小莲蓬。有的还是花骨朵儿，看起来饱胀得马上要破裂似的。

作者运用＿＿＿＿＿＿＿的修辞手法，具体描写了荷花开放的＿＿＿＿＿种形态。有的＿＿＿＿＿＿＿，有的＿＿＿＿＿＿＿，有的还是＿＿＿＿＿＿＿。

爬山虎的脚

体　　裁：散文

作　　者：叶圣陶

创作时间：当代

作品出处：部编版语文四年级（上册）

内容简介：《爬山虎的脚》这篇课文主要讲了爬山虎生长的地方、爬山虎的叶子、爬山虎脚的形状和特点，以及它是如何一步一步往上爬的。

////////////////////// 读前导航 //////////////////////

目 标 我 知 道

学习目标	会写"虎、操、占、嫩、顺、均、叠、隙、茎、柄、萎、瞧、固"等生字 会认"蜗、曲"等生字 读准多音字"曲"并能正确运用
学习重点	理清文章的叙事顺序 学习作者细心观察的方法
学习难点	学写观察记录

//////////////// 精彩赏读 ////////////////

课本原文

爬山虎的脚

①学校操场北边墙上满是爬山虎。我家也有爬山虎，从小院的西墙爬上去，在房顶上占了一大片地方[1]。

【第一部分（①段）：交代爬山虎生长的具体位置。】

②爬山虎刚长出来的叶子是嫩红的，不几天叶子长大，就变成嫩绿的。爬山虎的嫩叶，不大引人注意，引人注意的是长大了的叶子。那些叶子绿得那么新鲜，看着非常舒服。叶尖一顺儿朝下，在墙上铺得那么均匀，没有重叠起来的，也不留一点儿空隙[2]。一阵风拂过，一墙的叶子就漾起波纹，好看得很[3]。

【第二部分（②段）：写爬山虎的叶子的特点。】

③以前，我只知道这种植物叫爬山虎，可不知道它怎么能爬。今年，我注意了，原来爬山虎是有脚的[4]。爬山虎的脚长在茎上。茎上

[1] 两次提到墙，为下文爬山虎的脚爬墙埋下伏笔。

[2] 静态描写。加强了段与段之间的联系。

[3] 动态描写。显现出了生机勃勃的景象。

【重叠】（相同的东西）一层层堆叠。

[4] 点明课文题目。

[1] 比喻句。把细丝比作蜗牛的触角。

【嫩红】像初开的杏花那样的浅红色。

[2] 比喻、联想。作者展开联想，把爬山虎的脚比作蛟龙的爪子。

【痕迹】物体留下的印儿。

[3] 作者在经过连续观察后，采用对比的描写手法，写出了爬山虎和墙的依赖关系。

长叶柄的地方，反面伸出枝状的六七根细丝，每根细丝很像蜗牛的触角[1]。细丝跟新叶子一样，也是嫩红的。这就是爬山虎的脚。

（段解：描述了爬山虎脚的位置和样子。）

④爬山虎的脚触着墙的时候，六七根细丝的头上就变成小圆片，巴住墙。细丝原先是直的，现在弯曲了，把爬山虎的嫩茎拉一把，使它紧贴在墙上。爬山虎就是这样一脚一脚地往上爬。如果你仔细看那些细小的脚，你会想起图画上蛟龙的爪子[2]。

（段解：写爬山虎爬墙的过程。）

⑤爬山虎的脚要是没触着墙，不几天就萎了，后来连痕迹也没有了。触着墙的，细丝和小圆片逐渐变成灰色[3]。不要瞧不起那些灰色的脚，那些脚巴在墙上相当牢固，要是你的手指不费一点儿劲，休想拉下爬山虎的一根茎。

【第三部分（③—⑤段）：写爬山虎脚的样子，以及它是如何往上爬的。】

作品赏析

这篇课文讲的是作者通过连续、仔细的观察，发现了爬山虎怎样爬的秘密。文中不仅讲了爬山虎"脚"的颜色和样子，以及怎样"爬"等知识，还向我们介绍了爬山虎这种藤本植物特有的生活习性。读后使我们也产生了探究的愿望，激起了我们留心观察周围事物的强烈兴趣。学习这篇课文，一是让我们体会作者是怎样细致、连续地观察事物的，从而培养认真观察事物的兴趣和习惯；二是学习作者是怎样把观察到的事物具体、有序地写下来的。

//////////////////////// 积累与表达 ////////////////////////

字 词 我 来 记

会写的字

hǔ	部首	笔画	结构	造字	组词
虎	虍	8	半包围	象形	老虎　猛虎
	辨字	虚（虚心　谦虚）　虑（考虑　多虑）			
字义	哺乳动物，头大而圆，毛黄色，有黑色横纹。				
造句	动物园里的东北虎真威猛。				

cāo	部首	笔画	结构	造字	组词
操	扌	16	左右	形声	体操　操场
	辨字	澡（洗澡　搓澡）　燥（干燥）			
字义	1.由一系列动作编排起来的体育活动。2.拿；抓在手里。				
造句	同学们在操场上跑步。				

zhàn	部首	笔画	结构	造字	组词
占	卜	5	上下	会意	占领　占座
	辨字	站（车站　站住）　古（古代　古典）			
字义	1.占据。2.处于某一种地位或属于某一种情形。				
造句	这次短跑比赛，小明占据绝对优势。				

nèn	部首	笔画	结构	造字	组词	
嫩	女	14	左右	形声	嫩芽　嫩苗	
	辨字	敕（敕封　敕命）　懒（懒惰　懒散）				
字义	1.（某些颜色）浅。2.初生而柔弱；娇嫩（跟"老"相对）。					
造句	春天到了，柳树长出了青翠的嫩芽。					

shùn	部首	笔画	结构	造字	组词	
顺	页	9	左右	会意	顺手　顺从	
	辨字	须（胡须　必须）　项（项目　项圈）				
字义	1.向着同一个方向（跟"逆"相对）。2.顺从。3.符合（心意）。					
造句	我和爸爸顺利到达北京。					

jūn	部首	笔画	结构	造字	组词	
均	土	7	左右	形声兼会意	平均　均匀	
	辨字	钧（钓鱼　垂钓）				
字义	1.相等；均分。2.都；全。					
造句	我把植树任务平均分给每个同学。					

dié	部首	笔画	结构	造字	组词	
叠	又	13	上中下	会意	重叠　折叠	
	辨字	桑（桑叶　桑树）　宜（宜居　宜人）				
字义	1.一层加上一层；重复。2.折叠（衣被、纸张等）。					
造句	我的影子和小刚的影子重叠在一起了。					

xì	部首	笔画	结构	造字	组词	
隙	阝	12	左右	会意	缝隙　空隙	
	辨字	潦（潦草　潦倒）　瞭（瞭望　瞭哨）				
字义	1.（地区、时间）空闲。2.缝隙；裂缝。					
造句	这面墙有道很宽的缝隙。					

jīng	部首	笔画	结构	造字	组词
茎	艹	8	上下	形声	花茎　根茎
	辨字	经（经过　经手）　劲（使劲　费劲）			
字义	1.植物体的一部分，下部和根连接，上部一般生有叶、花和果实。2.像茎的东西。				
造句	这株植物的茎部可以吃。				

bǐng	部首	笔画	结构	造字	组词
柄	木	9	左右	形声	手柄　花柄
	辨字	丙（丙辰）　芮（芮城）			
字义	1.植物的花、叶、果实跟枝或茎连着的部分。2.器物的把儿。				
造句	玫瑰花的花柄上有刺，拿的时候要小心。				

wěi	部首	笔画	结构	造字	组词
萎	艹	11	上下	形声	枯萎　萎缩
	辨字	委（委托　委员）　莠（良莠不齐）			
字义	1.（植物）干枯。2.衰落。				
造句	三天没浇水，这盆花就枯萎了。				

qiáo	部首	笔画	结构	造字	组词
瞧	目	17	左右	形声	瞧见　瞧一瞧
	辨字	礁（暗礁　礁石）　樵（樵夫）			
字义	看。				
造句	我瞧见小红站在马路对面。				

gù	部首	笔画	结构	造字	组词
固	囗	8	全包围	形声	固定　固体
	辨字	困（困难　困住）　图（图纸　画图）			
字义	1.结实；牢固。2.本来；原来。				
造句	爸爸垒的院墙很牢固。				

会认的字

wō	组词
蜗	蜗牛 蜗居

qū	组词
曲	弯曲 曲线

多音字

曲 ⎡ qū（弯曲）（曲折）
　　⎣ qǔ（歌曲）（曲调）

辨析： 表示"弯"，跟"直"相对的时候，读 qū，如曲线、曲折；表示"能唱的文词""歌的乐调"时，读 qǔ，如戏曲、小曲、作曲等。

近义词

舒服—舒适　　　　均匀—平均　　　　空隙—间隙

反义词

舒服—难受　　　　弯曲—笔直　　　　仔细—粗心

日积月累

1.爬山虎的脚触着墙的时候，六七根细丝的头上就变成小圆片，巴住墙。细丝原先是直的，现在弯曲了，把爬山虎的嫩茎拉一把，使它紧贴在墙上。爬山虎就是这样一脚一脚地往上爬。

2. 如果你仔细看那些细小的脚，你会想起图画上蛟龙的爪子。

3. 不要瞧不起那些灰色的脚，那些脚巴在墙上相当牢固，要是你的手指不费一点儿劲，休想拉下爬山虎的一根茎。

读后感想

读《爬山虎的脚》有感

这学期以来，我们学了很多课文，但令我印象最深刻的是叶圣陶爷爷写的《爬山虎的脚》。

爬山虎的叶子，一片连着一片，繁密茂盛，许许多多的叶子长成了一片"绿墙"。这让我联想到了我们的班级，我们每个同学一起为班级的荣誉努力，让奖状像爬山虎的绿叶一样铺满班级的墙壁。前些日子，学校里组织开展了军训拓展活动，经过大家的努力，我们战胜了困难，展示出良好的精神状态。最后，我们班获得了会操比赛一等奖，老师和同学们都非常的开心。

爬山虎不娇贵，生命力很顽强，它的脚像蛟龙的爪子，牢牢地巴着墙，扎扎实实，一步一个脚印地往上爬。对照爬山虎的这种锲而不舍的精神，我与之相比就差远了。记得上体育课时，老师让我们跑800米，我跑了400米就累了，想打退堂鼓。我要学习爬山虎的精神，无论做什么事情，都要坚持下去，不气馁，不放弃。

通过学习《爬山虎的脚》，我受到很大启发。在今后的学习和生活中，我要向爬山虎学习，坚持不懈、不怕困难、刻苦学习，为班级争光添彩。

精彩语句

1. 这让我联想到了我们的班级……

由"绿墙"联想到班级的荣誉墙，象征荣誉的奖状，就像爬山虎的绿叶一样铺满墙壁。

2. 对照爬山虎的这种锲而不舍的精神，我与之相比就差远了。

爬山虎一直向上攀爬的精神激励了"我"，在"我"想要放弃时、退缩时，鼓励"我"坚持下去。

妙笔生花

读过叶圣陶爷爷的《爬山虎的脚》，你学会如何描写植物了吗？动动手中的笔，写一写吧！

_____

_____

_____

_____

_____

_____

_____

_____

_____

_____

_____

_____

_____

//////////////////// **知识乐园** ////////////////////

一、比一比，再组词。

占（　　　　）　虎（　　　　）　固（　　　　）　操（　　　　）

战（　　　　）　虑（　　　　）　园（　　　　）　澡（　　　　）

二、在下面的括号里填上合适的词语。

嫩绿的（　　　　　　）　　　嫩红的（　　　　　　）

灰色的（　　　　　　）　　　鲜红的（　　　　　　）

灰黑的（　　　　　　）　　　蔚蓝的（　　　　　　）

三、选字填空。

巴　　爬　　触　　贴　　拉

爬山虎的脚_____着墙的时候，六七根细丝的头上就变成小圆片，_____住墙。细丝原先是直的，现在弯曲了，把爬山虎的嫩茎_____一把，使它紧_____在墙上。爬山虎就是这样一脚一脚地往上_____。

四、把下面的词语分类写下来。

衣柜 高铁 乌鸦 沙发 轮船 牛 汽车 狗 桌子 书架
黄莺 燕子 猪 羊

家具：_____。

飞禽：_____。

家畜：_____。

交通工具：_____。

五、想一想，为什么爬山虎的叶子的叶尖一顺儿朝下，而且"在墙上铺得那么均匀，没有重叠起来的"？

_____

_____

_____

_____

_____

_____

记金华的双龙洞

体　　裁：散文

作　　者：叶圣陶

创作时间：当代

作品出处：部编版语文四年级（下册）

内容简介：《记金华的双龙洞》记叙了作者叶圣陶游览金华双龙洞的情景，先写沿途所见的美景，继而写外洞的洞口、外洞，再写孔隙，最后写内洞，是按空间顺序写的。

////////////////// 读前导航 //////////////////

目标我知道

学习目标	会写"浙、罗、杜、鹃、窄、郁、肩、臀、移、额、陆、乳、笋、端、源"等生字 会认"簇、漆、蜿、蜒"等生字 读准多音字"转"，并能正确运用
学习重点	理清作者游双龙洞的顺序 了解按游览顺序写景的方法

学习难点	感受双龙洞各处景物的特点 了解课文是如何把重点景物写清楚的

/////////////// 精彩赏读 ///////////////

课本原文

[1]拿满山开遍的映山红与盆栽的杜鹃花相比,比的结果是山上的映山红"有精神"。"有精神"本来是形容人的,这里借用,形容花的长势好。盆栽的杜鹃花也是映山红,为什么比不过山上开的呢? 山上的映山红根深叶茂,沐浴着大自然的阳光雨露,植株高大,花朵大而繁多。盆栽的杜鹃花娇嫩而不茁壮,比起山上的映山红就显得逊色了。

记金华的双龙洞

①4月14日,我在浙江金华,游北山的双龙洞。

【第一部分(①段):交代作者游览金华双龙洞的时间及双龙洞的地点。】

②出金华城大约五公里到罗店,过了罗店就渐渐入山。公路盘曲而上。山上开满了映山红,无论花朵和叶子,都比盆栽的杜鹃显得有精神[1]。油桐也正开花,这儿一丛,那儿一簇,很不少。山上沙土呈粉红色,在别处似乎没有见过。粉红色的山,各色的映山红,再加上或浓或淡的新绿,眼前一片明艳。

③一路迎着溪流。随着山势,溪流时而宽,时而窄,时而缓,时而急,溪声也时时变换调子。入山大约五公里就来到双龙洞口,那溪流就是从洞里出来的。

（段解：②—③段介绍作者去双龙洞路上的见闻。）

④在洞口抬头望，山相当高，突兀森郁，很有气势。洞口像桥洞似的，很宽。走进去，仿佛到了个大会堂，周围是石壁，头上是高高的石顶，在那里聚集一千或是八百人开个会，一定不觉得拥挤。泉水靠着洞口的右边往外流。这是外洞。

（段解：④段介绍作者游览洞口和外洞的情景。）

⑤在外洞找泉水的来路，原来从靠左边的石壁下方的孔隙流出。虽说是孔隙，可也容得下一只小船进出。怎样小的小船呢？两个人并排仰卧，刚合适，再没法容第三个人，是这样小的小船。船两头都系着绳子，管理处的工人先进内洞，在里边拉绳子，船就进去，在外洞的工人拉另一头的绳子，船就出来。我怀着好奇的心情独个儿仰卧在小船里，自以为从后脑到肩背，到臀部，到脚跟，没有一处不贴着船底了，才说一声"行了"，船就慢慢移动。眼前昏暗了，可是还能感觉左右和上方的山石似乎都在朝我挤压过来。我又感觉要是把头稍微

[1]"要是……准会……"表示假设关系，准确地表达了作者平躺在小船里经过孔隙时受"挤压"的感觉。想象船过孔隙时，人"稍微"抬"一点儿"头，就会"撞破额角""擦伤鼻子"的情景，可以真切感受到孔隙非常窄小，经过孔隙惊险刺激。

[2]这句话是作者观看内洞以后，对内洞的石钟乳和石笋的总体概括：形状变化多端，颜色各异。

抬起一点儿，准会撞破额角，擦伤鼻子[1]。大约行了两三丈的水程吧，就登陆了。这就到了内洞。

（段解：⑤段介绍作者从外洞经过内洞的情形。）

⑥内洞一团漆黑，什么都看不见。工人提着汽油灯，也只能照见小小的一块地方，余外全是昏暗，不知道有多么宽广。工人高高举起汽油灯，逐一指点洞内的景物。首先当然是蜿蜒在洞顶的双龙，一条黄龙，一条青龙。我顺着他的指点看，有点儿像。其次是些石钟乳和石笋，这是什么，那是什么，大都依据形状想象成神仙、动物以及宫室、器用，名目有四十多。这些石钟乳和石笋，形状变化多端，再加上颜色各异，即使不比作什么，也很值得观赏[2]。

⑦在洞里走了一转，觉得内洞比外洞大得多，大概有十来进房子那么大。泉水靠着右边缓缓地流，声音轻轻的。上源在深黑的石洞里。

（段解：⑥—⑦段介绍内洞黑、奇、大的特点。）

【第二部分（②—⑦段）：具体描写作者游览金华双龙洞的过程。】

⑧我排队等候，又仰卧在小船里，出了洞。

【第三部分（⑧段）：讲作者游览完毕后乘船出洞。】

作品赏析

在这篇课文中，作者按游览顺序，依次写了游金华双龙洞时的路上见闻，先游外洞，由外洞进入内洞，游内洞，介绍作者所见所闻所感及乘船出洞的情况，在读者眼前展现了大自然的鬼斧神工，令人产生身临其境的感觉。

全文结构严谨，内容安排浑然一体、井然有序，两条线索（一是游览的顺序，二是泉水流经的路线）有机交融、贯穿始终，观察仔细，描写形象生动，景物特色鲜明；叙述有详有略，详写孔隙内洞风貌，突出了双龙洞的特色。

////////////////////// 积累与表达 //////////////////////

字词我来记

会写的字

zhè	部首	笔画	结构	造字	组词
浙	氵	10	左右	形声	浙江
	辨字	浙（浙浙沥沥） 逝（逝世） 渐（渐渐）			
字义	1.指浙江省。2.浙江,古水名,就是现在的钱塘江,在今浙江省。				
造句	每年八月十五，人们到浙江海宁观看钱塘江那波涛汹涌的潮水。				

luó	部首	笔画	结构	造字	组词
罗	罒	8	上下	会意	罗列　搜罗
	辨字	萝（萝卜　菠萝）　逻（巡逻）　箩（箩筐）			
字义	1. 陈列。2. 捕鸟的网。3. 招请；搜集。				
造句	在妈妈的账单上罗列着全家一年的收入和支出情况。				

dù	部首	笔画	结构	造字	组词
杜	木	7	左右	形声	杜绝　杜门谢客
	辨字	肚（肚子　牵肠挂肚）　社（社会　社交）			
字义	1. 阻塞。2. 姓。				
造句	我们要做一个讲文明的学生，杜绝说脏话的不文明行为。				

juān	部首	笔画	结构	造字	组词
鹃	鸟	12	左右	形声	杜鹃花
	辨字	绢（手绢）　捐（捐钱　捐献）　涓（涓流）			
字义	【杜鹃】1. 常绿或落叶灌木，叶子椭圆形，花多为红色。供观赏。2. 这种植物的花。3. 鸟，身体黑灰色，腹部有黑色横纹，是益鸟。				
造句	窗外的杜鹃花开得格外的好，尤其引人注意！				

zhǎi	部首	笔画	结构	造字	组词
窄	穴	10	上下	形声	狭窄　心窄
	辨字	怎（怎么　怎样）　昨（昨天　昨夜）			
字义	1. 横的距离小（跟"宽"相对）。2.（心胸）不开朗，（气量）小。3.（生活）不宽裕。				
造句	这条胡同太狭窄，连汽车也开不进去。				

yù	部首	笔画	结构	造字	组词
郁	阝	8	左右	形声	葱郁　郁闷
	辨字	随（随从　随便）　都（首都　都市）			
字义	1.（草木）茂盛。2.（忧愁、气愤等）在心里积聚。3.香气浓厚。				
造句	我们学校的周围是一片葱郁的树林。				

jiān	部首	笔画	结构	造字	组词
肩	户	8	半包围	会意	肩膀
	辨字	扁（扁豆　压扁）　育（教育　培育）			
字义	1.肩膀。　2.担负。				
造句	双休日的商场人山人海，脚尖靠着脚跟，肩膀靠着肩膀。				

tún	部首	笔画	结构	造字	组词
臀	月	17	上下	形声	臀部　前臀尖
	辨字	臂（臂膀　手臂）　殿（宫殿　殿堂）			
字义	人体后面两腿的上端和腰相连接的部分，也指高等动物后肢的上端与腰相连接的部分。				
造句	我的肩部和臀部都受了伤。				

yí	部首	笔画	结构	造字	组词
移	禾	11	左右	形声	移动　偏移
	辨字	侈（奢侈　侈谈）　秒（分秒　秒杀）			
字义	1.移动。　2.改变；变动。				
造句	同学们秩序井然地向前移动。				

é	部首	笔画	结构	造字	组词
额	页	15	左右	形声	额头　额外
	辨字	领（领袖　带领）　顿（安顿　整顿）			
字义	1.人的眉毛以上头发以下的部分，也指某些动物头部大致与此相当的部位。2.规定的数目。				
造句	哥哥强忍疼痛，额头上冒出豆大的汗珠。				

lù	部首	笔画	结构	造字	组词
陆	阝	7	左右	会意兼形声	陆地　陆路
	辨字	阻（阻挡　阻拦）　际（国际　实际）			
字义	陆地。				
造句	这艘船正在向陆地驶来。				

rǔ	部首	笔画	结构	造字	组词
乳	乚	8	左右	象形	乳汁　乳鸽　豆乳
	辨字	浮（浮现　浮云）　俘（俘虏　俘获）			
字义	1.奶汁。2.初生的；幼小的。3.像奶汁的东西。				
造句	她用乳汁和汗水抚育着这个瘦弱的孩子。				

sǔn	部首	笔画	结构	造字	组词
笋	竹	10	上下	形声	竹笋　春笋
	辨字	尹（京兆尹　府尹）　伊人（伊人　伊始）			
字义	竹子的嫩芽，味鲜美，可做蔬菜。				
造句	竹笋长大后成了苍劲挺拔的竹子。				

duān	部首	笔画	结构	造字	组词
端	立	14	左右	形声	开端　端坐
	辨字	瑞（祥瑞　瑞雪）　喘（喘气　喘息）			
字义	1.（东西的）头。2.（事情的）开头。3.原因；起因。				
造句	良好的开端是成功的一半。				

yuán	部首	笔画	结构	造字	组词
源	氵	13	左右	形声	源头　发源
	辨字	原（原来　原因）　愿（愿意　心愿）			
字义	1.水流起头的地方。2.来源。				
造句	他们有秘密的情报来源。				

会认的字

cù	组词
簇	簇拥 花团锦簇

qī	组词
漆	漆黑 油漆

wān	组词
蜿	蜿蜒

yán	组词
蜒	蜿蜒

多音字

转┌ zhuǎn（转折）（转弯）
　└ zhuàn（转动）（打转）

辨析：表示"改变方向、位置、形势、情况等""把一方的物品、信件、意见等传递给另一方"时，读 zhuǎn，如运转、转身；表示"绕着某物移动、打转""旋转"时，读 zhuàn，如转圈、晕头转向等。

近义词

变换—更换　　　　　蜿蜒—曲折

明艳—鲜艳（明丽）　　昏暗—黑暗

似乎—仿佛　　　稍微—略微　　　宽广—宽敞

反义词

明艳—暗淡　　　聚集—分散　　　拥挤—宽松

漆黑—明亮　　　宽广—狭窄　　　昏暗—明亮

蜿蜒—笔直

日 积 月 累

1.公路盘曲而上。

2.粉红色的山，各色的映山红，再加上或浓或淡的新绿，眼前一片明艳。

3.一路迎着溪流。随着山势，溪流时而宽，时而窄，时而缓，时而急，溪声也时时变换调子。

4.在洞口抬头望，山相当高，突兀森郁，很有气势。

5.这些石钟乳和石笋，形状变化多端，再加上颜色各异，即使不比作什么，也很值得观赏。

读后感想

读《记金华的双龙洞》有感

认真品读完《记金华的双龙洞》这篇课文，我沉醉其中，久久不能忘怀。叶圣陶爷爷笔下的金华双龙洞，是如此的神奇，让我恨不得插上一双翅膀，跟随作者一起游览双龙洞。那路途中一簇簇、一片片的映山红，时宽时窄、时缓时急的溪流，那大大的外洞、狭窄的空隙、漆黑宽广的内洞、神奇的双龙，还有那千姿百态的石钟乳、石笋……都吸引着我，真是美不胜收，让人叹为观止！

"读万卷书，行万里路。"小时候，爸爸妈妈经常带我出去旅游，游览祖国的大好河山，美丽的景观不但让我心醉神迷，也让我学到了许多书本上学不到的知识。其中让我印象最深的是在枣庄微山湖红荷湿地的旅行。远远地，我就闻见了荷花那淡淡的清香，往里走走，我看到了一簇簇五颜六色的荷花。亭亭玉立的荷花在太阳的映照下竞相开放，花朵争奇斗艳，姹紫嫣红。我好像置身于花的海洋，荷花白里透黄、黄里透粉、粉里透紫，美丽极了！我在一朵开得很艳的荷花前蹲下，想数一数它有几片花瓣，没想到一阵微风吹过，它朝我点了点头，好像在欢迎我的到来，真是太美妙了！"接天莲叶无穷碧，映日荷花别样红。"虽然微山湖的荷花没有杨万里诗句中所说的那样红，但是也漂亮得让人无法挑剔。游玩微山湖，让我心旷神怡，久久舍不得离开。

读完《记金华的双龙洞》，我无比佩服叶圣陶爷爷如此用心观察生活，以及他对大自然的热爱。同时，我要呼吁大家，要认真呵护大自然给我们创造的奇特美景，要爱护大自然，不破坏生态平衡，让它为人类带来更多的乐趣！

精彩语句

读万卷书，行万里路。

用一句名言承上启下，讲述作者去旅游时的所见所闻所感。

妙笔生花

小朋友，你去过哪些有名有趣的地方？快来和同学们分享一下吧！

_____

_____

_____

_____

_____

_____

_____

_____

///////////////// 知识乐园 /////////////////

一、用"√"画出加点字的正确读音。

浙江（zhè　zhé)　　　　漆黑（qī　xī)

石笋（sǔn　sūn)　　　　蜿蜒（wān　wǎn)

走了一转（zhuǎn　zhuàn)　系（jì　xì)着绳子

二、读拼音，写词语。

luó　liè	dù　juān	jiān　bǎng

yí　dòng	xiá　zhǎi	zhú　sǔn

三、在下列句子的括号中填上一组反义词。

1．汽车驶过（　）的公路来到山脚，我们下车步行在
（　）的小路上，一边欣赏美景一边聊天。

2．内洞一团（　），什么都看不见，但只要出了内洞，
迎接我们的将是一个（　）的世界。

3．（　）在一起的小伙伴明确了任务的分工后，他们
很快（　）开来，各自按要求去完成自己的工作。

四、游览顺序排一排。

（　）路上

（　）孔隙

（　　）洞口

（　　）内洞

（　　）出洞

（　　）外洞

五、按要求写句子。

1．无论花朵还是叶子，都比盆栽的杜鹃显得有精神。（用加点词语造句）

_____

_____

2．怎样小的小船呢？两个人并排仰卧，刚合适，再没法容第三个人，是这样小的小船。（仿写设问句）

_____

_____

六、读课文，完成下面的题目。

1.《记金华的双龙洞》作者是_____。

2.在第⑥段中，主要描写了内洞之中的_____、_____、_____、_____，突出了内洞_____的特点。

3.为什么作者会感觉左右和上方的山石似乎都在朝他挤压过来？

_____

_____

_____

作家经典作品

自主阅读

春 天

太阳光从窗外射进来。在光当中，看得见极细的尘屑在那里浮动。一股暖气熏（xūn）得我周身舒服，过了一会儿，竟觉得热烘烘了。

一阵清香拂过我的鼻头。摆在桌子上的一盆兰花有三朵开了，碧绿的花瓣，白底儿红斑、舌头一般的花蕊，怪有趣的。兰叶的影子描在白墙头上，就同画幅上画着的一般。

我走到庭前，看见阶石旁边的一个泥洞里出来三只蚂蚁。它们慢慢地前进，走了一段便停一停，仿佛在那里探路。又有一只蚂蚁出来了，它独自爬上阶石，在太阳光中急速地前进。

什么地方传来蜂儿嗡嗡的声音？我抬起头来寻，寻不见。可是听到了这声音，就仿佛看见了红红白白、如山如海的花。

我走出了大门。细细的柳条上，不知什么时候染上了嫩黄色。仔细看去，说它黄色也不对，竟是异样可爱的绿。轻轻的风把柳条的下梢一顺儿地托起，一会儿便又默默地垂下了。

柳树下的池塘里，鱼儿好快乐呀！它们成群地游到这边，游到那边。白云、青空以及柳树的影子，都在水中轻轻地荡漾（yàng）。一幅活动的图画！

我深深地吸了一口气，不自主地说："完全是春天了！"

"卖花女"

这一幅图，题目叫"卖花女"，丰子恺画的。

一个女孩子在小巷中前进：右手拿着花朵；臂弯里钩住一只花篮，平铺着无数的花。她的左脚跨在前面；从后面的姿态看去，知道她的脸略微仰起。大概是一边走着，一边正喊着"谁要买鲜花"吧。她穿着深色的背心，发辫蓬松地垂着，几绺（liǔ）散乱的短发在耳朵边飘拂着。

她的右边有一条花狗，竖起耳朵，卷起尾巴，很有兴致的样子，似乎要跑到她的前头去。

两旁都是楼房，门窗关着。想来时候还很早吧。右旁房子的晒台上横着三根竹竿，好像很空闲的样子，还没有晾什么衣裳。左旁一所房子的烟囱却吐烟了，烟缕袅袅地升到天空去。

开了的只有右旁人家的门。门前站着一个妇人，手牵着小孩子。妇人望着卖花的女孩子，好像在那里等她过去。小孩子昂头望着妇人，似乎有什么要求的样子。他要妇人抱他呢，还是要拿几朵鲜花在手，却无从知道了。

小巷的尽头是一堵低低的墙。墙上边伸出一棵柳树。

柳条软软地挂下来，叶芽很稀。大概还是早春的时令吧。柳树上方漫着远空的云气。

　　墙下向右去似乎有路。卖花的女孩子也许要在那里转弯过去。也许不等到她转弯，两旁的窗子开了，露出好几个欢迎鲜花的脸儿来。那就另是一种景象，和这一幅画的静寂趣味大不相同了。

小弟弟的三句话

荷花缸里长出四个花骨朵儿。顶大的一个比荷叶还高，尖尖的，饱鼓鼓的，上半截儿显出粉红色。

小弟弟抬头看了看，自言自语地说："像个桃子。"

他是说那个顶大的花骨朵儿。他拿桃子来比那个顶大的花骨朵儿，比得很好。这句话挺有趣味。

卖冰棍儿的提着宽口的暖瓶在街上跑，嘴里不停地吆（yāo）喝。妈妈喊住他，说要三支冰棍儿。他就开了暖瓶的盖儿，取出三支冰棍儿来。

小弟弟自言自语地说："冰棍儿在小冰箱里放着。"

宽口的暖瓶跟平常窄口的暖瓶差不了多少，小弟弟不会不知道那也是个暖瓶。他看它的用处跟家里的冰箱相仿，就管它叫小冰箱。这句话挺有趣味。

妈妈带着小弟弟上合作社买东西。回来以后，妈妈告诉我，小弟弟指着合作社墙上开着的电扇，一本正经地说："这个是飞机。"

我们家里没有电扇，小弟弟没见过电扇。他也没仔细看过真的飞机，只看过书上报上飞机的图画和照片。他注意了飞机的螺旋桨。现在看见电扇有螺旋桨，在那里转动，他就断定说"这个是飞机"。这句话挺有趣味。

大　雁

　　秋天，一群一群的大雁在天空飞过，发出清亮的叫声。大雁的家乡在遥远的北方。那儿秋天就飞雪，到了冬天，什么东西都给冰雪盖没了。太阳每天只露一下脸，立刻又落下去了。如果再往北去，到了北极，那儿足足有半个年头见不到太阳的面。这样寒冷，这样黑暗，大雁怎么能生活呢？所以到了秋天，它们就结队迁移，向南方飞来。

　　大雁的飞行队很有秩序，常常排成"人"字形、"之"字形、"一"字形，我国的诗人因而把它叫作"雁字"。大雁飞行的时候，由一只富有经验的统率着全队。停下来休息之前，先在空中盘旋，侦察地面有没有危险。它们饥饿的时候，连麦苗和青草都吃。可是到底是水鸟，最喜欢在湖边和江滩上搜寻它们的食物。

　　到了春深时节，它们的家乡渐渐暖和起来，冰雪融化了。太阳每天照得很长久，只有三四个小时黑夜。如果再往北去，就整整六个月，太阳老在天空中打转。因为阳光充足，草木很快地生长起来，各种虫豸（zhì）也繁殖得很多。大雁从南方飞回去，用芦秆等东西做基础，放上枯叶和羽毛，做成了窠（kē），就把卵生在窠里。母雁孵卵非常专心，除非十分饥饿，它绝不肯离开一步。一个月之后，小雁出壳了，一出壳就能活泼地走动。母雁带领着它们到有水的地方去觅食。那儿虫豸多，得食自然很容易，侵害大雁的动物很少，行动又极自由。大雁在这样安适的地方生活，真个其乐无比。

可是，这样安适的地方不是常年不变的。过了夏天就是秋天，冰雪又要来管领这个地方了。因此，大雁必须每年一次离开故乡，到南方来避寒。

老　黄

　　老黄是我家的一头老牛。我父亲买它来的时候，它还是小牛呢。它在我家长大，一年四季替我们做种种的工作；后来它老了，衰弱了。我父亲心爱这个老伙计，说它一生辛苦，再不能拿什么工作去麻烦它了，就让它安适地、自由地过它的暮年。

　　老黄惯躺在门前的场上。我们一群孩子总喜欢环绕着它，抚摩它的面颊，梳它的毛，温和地抱它，取一些草料来喂它，或者采了花朵做成花球，挂在它的角上。它被我们打扮得像一个爱好修饰的老头子，有时似乎也觉出自己的怪模样，可是永远不和我们生气。它总是张大了眼睛，和气地看着我们，它的眼光中好像有许多话要告诉我们似的。我们问道："什么，老黄？告诉我们，你要什么？"它并不回答我们，总是摇一摇头，呼一口气，没有牙齿的嘴巴又慢慢地咀嚼起来。

　　我们给它很多的草料，它差不多整天在那里咀嚼。虽然如此，它还是瘦得可怕。它的肚皮瘪（biě）了进去，肋（lèi）骨一条一条数得清；此外肩胛（jiǎ）骨、脊椎（zhuī）

骨，总而言之，全副骨骼都显露了出来，很像地理模型上连绵不断的山脉。

每天早上，老黄抖去了身上的稻草，从棚里钻出来，跑到河边去喝它的早茶。喝了些水之后，它便慢慢地回来，傍晚时候，人家将要吃晚饭了，它又照样地出去喝水，照样地回来。它做这短距离的散步时刻这样准，人家竟把它当作时辰钟看了。

在夏季里，我们常常带着老黄和村里的牛羊一同出去放青。那些牛羊全是顽皮、活泼的家伙，喜欢跑到深山里，爬上峭壁，越过突兀的山峰。这种游戏，在老黄是十分为难的。因此它常常落后，直到极晚的时候，才独个儿回来。

我父亲就让它和村里的小牛一同出去，因为小牛是不会跑到深山里去的。它跟着一群小牛出了村庄，忽然转身向后跑，回到它的棚里。我们用尽办法，赶它到小牛的队伍里去，然而无效。第二天，它先是生了一会儿气，结果跟着走了。但是快到正午的时候，它又独个儿回来了。几天之后，它才渐渐习惯，不再反对和那些不懂事的小家伙做伴。村里人听说有这么一回事，都特地跑出来看老黄跟着一群小牛出去放青。老黄在一大队小牛的旁边走，正像一个教师领着一群小学生游行，它的眼光时时在照顾它们呢。

老黄忽然病了。它不到草场上来，只是静静地躺在棚里。它的身体一天比一天衰弱，抖得很可怕，毛都直竖。

看它的无力的眼光，可知它十分痛苦。我们替它披上一条毯子，弄东西给它吃，但是它并不尝一尝。我们拿水给它，它把鼻头浸到水里，立刻缩了回来，大声地哼着。我们便去请了兽医来，仔细地给它诊察，卷它的尾巴，拉它的耳朵，又翻起它的眼皮来看，最后，拿一些辛辣的黑色药粉放在它的鼻孔边，强迫它吸进去。

老黄躺着受了好几天的苦。这几天里，它甚至没有力气看一看我们给它的草料和水。身体瘦极了，只剩一堆骨头。后来它能够起来吃一点儿东西了，可是四条腿完全没有劲儿，好像站不稳的样子。

一天，春光很好。桃树上开满花朵，前一天晚上刚下过雨，空气很清新。天空没有一片云。太阳爬上那些山头，有说不出的美丽。

老黄好像比往日爽健些，快活些。我们非常高兴，特地采了各色的花，做一个大花圈，挂在它的角上。我们都抚摩它，它眨着眼睛，表示很乐意接受我们的好意。

它起身了，很有力地移动脚步，走出门去，仍旧是往常的那副姿态，不过更瘦些、更衰弱些罢了。我们想止住它，但是母亲说让它去散散步也好的，所以我们只跟在它的后面。

老黄一直向河边走去。村里人好久不见它了，都站住了欢呼道："你又出来了，老黄！"

它到河边，喝了些水，又站了一会儿，破例地不回家来，却走到近旁的田边。那里轻风拂着长成的小麦，麦浪下面藏着无数的斑鸠（jiū），上面呢，有千百只小蝴蝶结队飞舞。老黄站在田边，静静地看着，好像对面有一个熟人，还啃去了地上几茎青草。忽然它站不稳了，全身摇荡，叫了一声，便跌倒了。我们都怕得喊起来，飞奔回去报信。

我们跟着父亲再到田边去看的时候，老黄已经死了，它的头枕着那大花圈，眼睛睁得大大地望着我们。

聪明的野牛

在很远很远的树林子里，住着一群野牛。他们随意吃草，随意玩儿，来来往往总是成群结队的，非常快乐。

一天，他们正在树林里的草地上散步，忽然，一个穿绿衣裳的邮差来了，给他们送来一封信。接信的那头牛看了看信封，高兴地喊："咱们住在城市里的同族给咱们寄信来了！"

旁的牛听见了，立刻凑过来，都很高兴地喊："快拆开来看！"

接信的那头牛把信拆了，用粗大的声音念起来：

咱们虽然没见过面，可是从祖先传下来，知道在很远很远的地方住着我们的同族，就是你们。我们常常想念你们，常常希望有一天彼此聚在一块儿。你们想，长胡子的羊，大肚子的猪，并不是我们的同族，我们还挺愿意跟他们一块儿游逛，一块儿出来进去，何况你们是我们的同族呢。

我们这里挺好。住得舒服，是瓦盖的房子。吃得也好，是鲜嫩的青草。我们希望你们到这里来，咱们共同享受这些东西。你们住在树林子里，碰到下雨就糟了。你们那里恐怕只有些细小的茅草，这怎么吃得饱呢！来吧，来跟我们共同享受这些好东西吧。

现在什么事情都方便了，你们千万别嫌远，坐火车来，只要三天工夫就到了。你们没坐过火车吧？挺舒服的，车厢有木板围着，两块木板中间有一道缝，又透气，又可以看看外边的景致。你们应当见识见识。一准坐火车来吧。

我们在这里预备欢迎你们。

住在城市里的你们的同族

野牛们听了信里的话，都觉得很快活，没想到那么远的同族，居然在远远的地方欢迎他们去共同享受好东西。可是问题来了：马上全体同去呢，还是不马上去，过几天再说？

一头野牛说："去去也可以。不过咱们没坐过火车，不知道那玩意儿容不容易坐。你们没听信上说吗？虽说很方便，也差不多要三天工夫呢。"

又一头野牛说："他们说什么瓦盖的房子，不知道咱们住得惯住不惯。照我想，盖得看不见天，看不见四周，住在里边总该有点儿气闷。"

第三头野牛说："他们说吃的是鲜嫩的青草，我怕吃不饱。咱们得吃又老又结实的草，这才有嚼头。"他说完，低头咬了一口草，很有味地嚼着。

第四头野牛说："总不该辜负他们的好意，咱们得想个妥善的办法。"

一头聪明的野牛仰起头，摇摇尾巴说："他们欢迎咱们去，咱们也愿意去。咱们怕的，只在去的时候不方便，到了那边住不惯。据我的意见，咱们不妨推举一位先去看看情形，顺便谢谢他们的好意。要是那边确是好，然后全体去。"

"这意思很好！"全体野牛一齐喊，同时都摇摇尾巴，表示赞成。

一头野牛说："我们就推举你去，你最聪明。"

"赞成！赞成！"大家又都摇摇尾巴。

那聪明的野牛立刻动身，代表全体野牛，到城市里去看望同族，参观他们的生活情形。

聪明的野牛到了城市，就从火车上下来。他觉得坐火车倒也有趣，树木都往后边跑，平地老是在那里旋转，这过去都没见过。只是那车厢太拘束了，这边也是乘客，那边也是乘客，身子连动都不能动。要是住在城市里常常要坐这个东西，就太不舒服了。

他一面想着，一面往四外张望。那边一大群牛瞧见他了，立刻都跑过来喊："欢迎！欢迎！"接着，都围住他，跟他摩脸为礼，然后拥着他回到他们的家。

到家以后，他们领着他看房子，请他吃槽里的草。并且说，这些全是人给预备的，不用他们自己费心。要是不高兴出去，成年住在这里也没什么忧愁。

野牛觉得不明白，他就问："人为什么要给你们预备房子和草呢？"

"那没有别的，他们跟我们有交情，所以给我们预备这些东西。"

"事情没这么简单吧？我要仔细看看，才会明白。"

"你看吧，"城市里的牛一齐笑起来，"你在这里住几天，就知道我们的生活多舒服，人待我们多好了。"

野牛住了几天，觉得这屋子很憋（biē）气，完全没有树林里的那种清风。草虽然是嫩的，可是不像野地的草那么有嚼头，有味道。这些都无关紧要，他想弄明白的是人跟他们的交情到底怎么样。

他跟着他们出去玩一会儿，这就让他看出来了。回到家里，他亲切地劝告他们说："你们弄错了，我看人跟你们并没有什么交情。不然，为什么要拿鞭子打你们呢？"

"这有道理。因为我们走错了路，不朝这里走，他一时招呼不过来，所以用鞭子指点我们。这不能算用鞭子打。"

野牛提醒他们说："你们真是让什么给弄迷糊了，还有可怕的事情等着你们呢。这个人实在是个屠夫！我刚才靠近他，闻到他满身的血腥气，正是咱们同族的血腥气。他为什么要盖房子给你们住，预备草料给你们吃，你们还想不明白吗？"

城市里的牛有点儿怕起来了，你看看我，我看看你，半信半疑地说："不见得吧？"

野牛说："不见得？还说不见得！等他把你们捆起来，拿出刀来的时候，你们后悔就来不及了。"

"那怎么办呢？"有几头牛垂头丧气地说。

野牛说："你们听我的话，大家离开这里就是了。"

"离开这里？哪里去住，哪里去吃呢？"

野牛说："世界上地方多得很。你们只要拔起腿来跑，什么地方不能去！你们一定要住房子吗？树林里的生活才痛快呢。你们一定要吃槽里的草吗？到处跑，到处吃地上的草，味道比这好得多。你们不要以为只有在这里才能生活，世界上都是咱们生活的地方。我们野牛就因为明白了这一层，所以从来没遇见什么危险。你们是永远住在危险里头，赶快看清楚一点儿吧！"

一头母牛说："你叫我们离开这里，这怎么成呢？我们跑，人就要追。我们不回来，他手里有鞭子。"

野牛笑了，说："你们没试过，怎么知道不成呢？你们往四面跑，他去追哪一个好？等他不追了，你们还是可以聚集在一块儿。"

"我们为了自己的生命，只好试一下了。但是，离开这里去过流浪生活，不知道到底怎么样，想想也有点儿害怕。"

第二天，城市里的牛在一个空场上散步，野牛也在里头。

人的屋子里有清脆的磨刀声音。

野牛警告他们说："听见了吗？时候到了，不能再等了！"

城市里的牛都禁不住打哆嗦，你看看我，我看看你，说不出话来。

野牛英勇地喊："要生活的，就该拿出勇气来！你们忘了吗？拔起腿来跑！往四面跑！"

他这声音好像给大家灌注了一股勇气，大家立刻胆壮了，拔起腿来就往四面跑。他们跑了一会儿，久住的房子和常到的空场都撇在后头了。

看牛的人想不到有这么一回事，马上放下手里的刀，跑出来追。但是追哪一头好呢？他正在发愣，场里空了，一头牛也没有了。

许多牛从好几条路聚集在一块儿，大家说："离开老地方，原来也没什么困难。"

野牛说："跟我回去，尝尝我们野地生活的味道吧。"

他们就到野牛的树林子里，安适地活下去。

一粒种子

世界上有一粒种子，像核桃那样大，绿色的外皮非常可爱。凡是看见它的人，没一个不喜欢它。听说，要是把它种在土里，就能够钻出碧玉一般的芽来。开的花呢，当然更美丽，不论是玫瑰花，牡丹花，菊花，都比不上它；并且有浓郁的香气，不论是芝兰，桂花，玉簪（zān），都比不上它。可是从来没人种过它，自然也就没人见过它的美丽的花，闻过它的花的香气。

国王听说有这样一粒种子，欢喜得只是笑。白花花的胡子密得像树林，盖住他的嘴，树林里现在露出一个洞——因为嘴笑得合不上了。他说："我的园里，什么花都有了。北方冰雪底下开的小白花，我派专使去移了来。南方热带，像盘子那样大的莲花也有人送来进贡。但是，这些都是世界上平常的花，我弄得到，人家也弄得到，又有什么稀奇？现在好了，有这样一粒种子，只有一粒。等它钻出芽来，开出花来，世界上就没有第二棵。这才显得我最尊贵，最有权力。哈哈哈……"

国王就叫人把这粒种子取来，种在一个白玉盆里。土是御花园里的，筛了又筛，总怕它还不够细。浇的水是用金缸盛着的，滤了又滤，总怕它还不够干净。每天早晨，国王亲自把这个盆从暖房里搬出来，摆在殿前的玉阶上，晚上还是亲自搬回去。天气一冷，暖房里还要生上火炉，热烘烘的。

国王在睡梦里，也想看盆里钻出碧玉一般的芽来，醒着的时候更不必说了，老坐在盆旁边等着。但是哪儿有碧玉一般的芽呢？只有一个白玉的盆，盛着灰黑的泥。

时间像逃跑一般过去，转眼就是两年。春天，草发芽的时候，国王在盆旁边祝福说："草都发芽了，你也跟着来吧！"秋天，许多种子发芽的时候，国王又在盆旁边祝福说："第二批芽又出来了，你该跟着来了！"但是一点儿效果也没有。于是国王生气了，他说："这是死的种子，又臭又难看，我要它干吗！"他就把种子从泥里挖出来，还是从前的样子，像核桃那样大，皮绿油油的。他越看越生气，就使劲往池子里一扔。

种子从国王的池里，跟着流水，流到乡间的小河里。渔夫在河里打鱼，一扯网，把种子捞了上来。他觉得这是一粒稀奇的种子，就高声叫卖。

富翁听见了，欢喜得直笑，眼睛眯到一块儿，胖胖的脸活像个打足了气的皮球。他说："我的屋里，什么贵重的东西都有了。鸡仔那么大的金刚钻，核桃那么大的珍珠，都出大价钱弄到了手。可是又算得上什么呢！有的不只我一个人，并且，张口金银珠宝，闭口金银珠宝，也真有点儿俗气。现在呢，有这么一粒种子——只有一粒！这要开出花来，不但可以显得我高雅，并且可以把世界上的富翁都盖过去。哈哈哈……"

富翁就到渔夫那里把种子买了来，种在一个白金缸里。他特意雇了四个有名的花匠，专门经管这一粒种子。这四个花匠是从三百多人里用考试的办法选出来的。考试的题目特别难，一切种植名花的秘诀，都问到了，他们都答得头头是道。考取以后，给他们很高的工钱，另外还有安家费，为的是让他们能安心工作。这四个人确是尽心尽力，轮班在白金缸旁边看着，一分一秒也不断人。他们把本领都用出来，用上好的土，上好的肥料，按时候浇水，按时候晒，总之，凡是他们能做的他们都做了。

富翁想："这样经心照看，种子发芽一定加倍地快。到开花的时候，我就大宴宾客。那些跟我差不多的富翁都请到，让他们看看我这天地间没第二份的美丽的奇花，让他们佩服我最阔气，我最优越。"他这么想，越想越着急，过一会儿就到白金缸旁边看看。但是哪里有碧玉一般的芽呢？只有一个白金的缸，盛着灰黑的泥。

时间像逃跑一般过去，转眼又是两年。春天，快到请客的时候，富翁在缸旁边祝福说："我就要请客了，你帮帮忙，快点儿发芽开花吧！"秋天，快到宴客的时候，他又在缸旁边祝福说："我又要请客了，你帮帮忙，快点儿发芽开花吧！"但还是一点儿效果也没有。于是富翁生气了，他说："这是死的种子，又臭又难看，我要它干吗！"他就把种子从泥里挖出来，还是从前的样子，像核桃那样大，皮绿油油的。他越看越生气，就使劲往墙外边一扔。

种子跳过墙，掉在一个商店门口。商人拾起来，高兴极了，他说："稀奇的种子掉在我的门口，我一定要发财了。"他就把种子种在商店旁边。他盼着种子快发芽快开花，每天开店的时候去看一回，收店的时候还要去看一回。一年很快过去了，并没看见碧玉一般的芽钻出来。商人生气了，说："我真是个傻子，以为是什么稀奇的种子！原来是死的，又臭又难看。现在明白了，不为它这个坏东西耗费精神了。"他就把种子挖出来，往街上一扔。

种子在街上躺了半天，让清道夫跟脏土一块儿扫在垃圾车里，倒在军营旁边。一个兵士拾起来，很高兴地说："稀奇的种子让我拾着了，我一定是要升官了。"他就把种子种在军营旁边。他盼着种子快发芽开花，下操的时候就蹲在旁边看着，怀里抱着短枪。别的兵士问他蹲在那里干什么，他瞒着不说。

一年多过去了，还没见碧玉一般的芽钻出来。兵士生气了，他说："我真是个傻子，以为是什么稀奇的种子！原来是死的，又臭又难看。现在明白了，不为它这个坏东西耗费精神了。"他就把种子挖出来，用全身的力气，往很远的地方一扔。

种子飞起来，像坐了飞机。飞呀，飞呀，飞呀，最后掉下来，正是一片碧绿的麦田。

麦田里有个年轻的农夫，皮肤晒得像酱的颜色，红里透黑，胳膊上的筋肉一块块地凸起来，像雕刻的大力士。他手里拿着一把曲颈锄，正在刨松田地里的土。他锄一会儿，抬起头来四处看看，嘴边透出和平的微笑。

他看见种子掉下来，说："嗬，真是一粒可爱的种子！种上它吧。"就用锄刨了一个坑，把种子埋在里边。

他照常工作，该耕就耕，该锄就锄，该浇就浇。自然，种那粒种子的地方也一样，耕，锄，浇，样样都做到了。

没几天，在埋那粒种子的地方，碧绿的像小指那样粗的嫩芽钻出来了。又过几天，拔干，抽枝，一棵活像碧玉雕成的小树站在田地里了。梢上很快长了花苞，起初只有核桃那样大，长啊，长啊，像橘子了，像苹果了，像柚子了，终于长到西瓜那样大，开花了：瓣是红的，数不清有多少层，蕊是金黄的，数不清有多少根。由花瓣上，由花蕊里，一种新奇的浓郁的香味释放出来，不管是谁，走近了，沾在身上就永远不散。

年轻的农夫还是照常工作，在田地里来来往往。从这棵稀奇的花旁边走过的时候，他稍微站一会儿，看看花，看看叶，嘴边透出和平的微笑。

乡村的人都来看这稀奇的花。回去的时候，脸上都挂着和平的微笑，满身都沾上了浓郁的香味。

芳儿的梦

芳儿看姊姊采了许多许多凤仙花，白的，红的，绯色的，洒金的，用细线把花扎起来，扎成了一个又大又圆的球。姊姊把大花球挂在窗前，看着它只是笑。大花球摇摇晃晃，花瓣微微抖动，好像害羞似的。芳儿想："这个花球跟学生们踢的皮球差不多大，挂在窗前干什么呢？凤仙的枝上要是能开这样大的花球就好了，我就可以把它当皮球踢了。姊姊只是看着它笑，难道花球会飞到天上去吗？"

芳儿正想得出神，姊姊问他说："明天妈妈生日，你送什么东西给她做礼物呢？你看我这花球多么好！花是我种的，也是我采的。我把它扎成了这样一个花球。妈妈看了，一定说我能干，说我爱她。"

芳儿想："姊姊有礼物，我自然也要送给妈妈一件礼物。我的礼物一定要比她的好。送一只小猎狗吧？不行，小猎狗是妈妈给我的，怎么能送还给妈妈呢？送积木吧？不行。积木是舅舅给的，还是妈妈给带回来的呢，怎么能送给妈妈呢？送一朵大理花吧？也不行。姊姊送了凤仙花球，我也送花，不是跟姊姊的礼物相重了吗？"

芳儿心里不自在起来。他不看姊姊扎的花球了，低着头坐在小椅子上默默地想。他想到树林里的香草，山坡上的小石子儿，溪边的翠鸟，小河里的金鱼。他想到家里所有的一切东西，街上所有的一切东西，野外所有的一切东西，想来想去都不合适，都不配送给妈妈做生日的礼物。他要找一件非常稀罕的、独一无二的东西，拿来送给妈妈。这样才能让妈妈得到连做梦也想不到的欢喜，才能表达对妈妈的比海还深的爱。

但是这件东西在哪里呢？

月亮升起来得真早啊，她躲在屋角后边偷偷地瞧着芳儿呢。院子的一个角落亮起来了，缠绕在篱笆上的茑（niǎo）萝也发出光彩了。白天看那茑萝，就像姊姊的新衣裳似的，嫩绿的底子绣上了许多小红花；现在颜色变了，都涂上了一层银色的光。

芳儿感觉到月亮在偷看他，不由得抬起头来。他说："月亮姊姊，你来得好早。我要送一件东西给妈妈，做她生日的礼物。这件东西要非常美丽，非常难得，要让妈妈能得到连做梦也想不到的欢喜，要能表达我对妈妈的比海还深的爱。聪明的月亮姊姊，你一定知道这是一件什么东西，请告诉我吧！"

月亮只是对着芳儿微笑。她越走越近了，全身射出活泼的光。

月亮身边浮着些淡淡的微云，他们穿着又轻又白的衣裳，飘呀飘呀，好像跳舞的女郎。他们怕月亮寂寞，所以陪着她；他们怕月亮力乏，所以托着她。

芳儿把他的心事告诉给云，恳求他们说："云哥哥，你们伴着月亮出来玩儿吗？我要送一件东西给妈妈，做她生日的礼物。这件东西要非常美丽，非常难得，要让妈妈能得到连做梦也想不到的欢喜，要能表达我对妈妈的比海还深的爱。聪明的云哥哥，你们一定知道这是一件什么东西，请告诉我吧！"

云哥哥们只是拥着月亮姊姊，在深蓝色的天幕上一边跳舞，一边前进。

芳儿想，他们玩儿得太高兴了，高兴得没听到他在说话。他就把小椅子搬到了院子里，索性坐下来看他们跳舞。起先，月亮姊姊跳的是节奏很快的小步舞，云哥哥们紧紧地追随着，又轻又白的衣裳都飘了起来，更加好看了。后来，月亮姊姊好像疲倦了，在天中站住了。云哥哥们围绕着她，缓慢地兜着圈子，衣裳渐渐垂下来了。

芳儿趁这个时候，把他的心事又说了一遍，恳求月亮姊姊和云哥哥们给他指点。他留心看天上，月亮姊姊和云哥哥们真个听见他的话了。月亮姊姊堆着笑脸，看着身边；云哥哥们从宽大的白衣袖里伸出手来，指着身边。他们身边有无数灿烂的星星，原来他们指的就是星星。

芳儿快活极了，他明白了："这才是最美妙的礼物呢。月亮姊姊和云哥哥们真聪明呀！姊姊送给妈妈一个花球，我送给妈妈一条星星穿成的项链。明天，我要把星星项链亲手挂在妈妈的脖子上，让无数耀眼的光从妈妈身上射出来，那不是非常美丽吗？人家的妈妈戴珍珠穿成的项链，戴宝石穿成的项链，都是人间有的东西。我送给妈妈的，却是星星穿成的项链，不是非常稀罕吗？我把这样的一条项链挂在妈妈的脖子上，妈妈自然欢喜得连做梦也想不到。别人当然想不到送这样的礼物，只有我送这样的礼物，因为我爱妈妈爱得比海还深。"

芳儿谢谢月亮姊姊，谢谢云哥哥们，对他们说："祝愿你们永远美丽，永远快乐，永远笑，永远跳舞，永远帮助我，告诉我我所想不到的一切事儿。"

这时候，芳儿的姊姊也到院子里来乘凉了。她端一张藤椅，坐在芳儿旁边，脸上还带着笑。她正在想，凤仙花球多么美丽，妈妈见了会怎样欢喜。

芳儿拿姊姊的手轻轻地贴在自己的脸上，看着姊姊说："我已经想到了送给妈妈的礼物。好极了，比你的凤仙花球好几百倍。我现在不告诉你。"

"什么好东西？好弟弟，快说给我听吧。"

"我不说，明天你看就是了。这个东西近在眼前，远在天边，没有什么比它更美丽的了，谁都不曾有过。"

芳儿不说，姊姊只好猜。她猜了许许多多东西，香草、小石子儿、翠鸟、金鱼，家里所有的一切东西，街上所有的一切东西，野外所有的一切东西，她都猜遍了。芳儿只是笑，只是摇头。姊姊急了，双手合十，央求他说："拜拜你，好弟弟，你告诉我吧。我一定不告诉别人。夜晚睡了，我连枕头也不告诉。好弟弟，快说吧！"

芳儿说："你一定要我说，得先依我一件事儿。咱们俩先跳一会儿绳。跳过绳，我再告诉你。"

姊姊就和芳儿一同跳起绳来。月亮从头顶上射下来，院子里一片银光，他们俩全身浴在银光里，两个短短的影子在地上舞动。姊姊的头发飘了起来，影子更加好看了。他们先把绳子向前摔，再把绳子向后摔，最后俩人并排一起跳。四只小小的脚像燕子点水似的，刚着地又离开了地面。绳子在脚底下一闪而过，几乎分辨不清。他们俩好像被包在一个透明的大圆球里。

姊姊喘息了，芳儿也满脸是汗，他们才停了下来。芳儿坐在小椅子上用手拭脸上的汗。姊姊催他说："我依了你了，现在你好说了，究竟是什么东西？"

芳儿凑在姊姊的耳边说："我的礼物是星星穿成的项链。"

芳儿睡在雪白的罗帐里，睡得很熟，脸上好像在笑，呼吸很均匀。他应当有一个可爱的梦。

他起来了，是月亮姊姊催他起来的。月亮姊姊穿了一身淡蓝色的衣裳，笑的时候露出银色的牙齿。芳儿觉得她可爱极了，就投到了她的怀里。月亮姊姊拍拍他的背，对他说："你忘记了要送给妈妈的礼物了吗？跟着我去吧，我带你去取。"

芳儿非常感激月亮姊姊，催她快点儿动身。月亮姊姊牵着芳儿的手，一同轻轻地飘起来了。虽然离开了地面在空中迈步，但芳儿觉得两只脚仍旧像踏在地面上似的。向下边望，地面上的一切都睡着了，盖着一条无边无际的银被。再看月亮姊姊，她那淡蓝色的衣裳被风吹得飘了起来，真是一位仙女。

芳儿的步子越迈越快，好像不费一点儿力气。星星就在他身边了，一颗颗都像荔枝那么大，光亮耀得他眼睛都花了。他已经来到星星的群中，前后左右都是星星；他好像走进了一片结满果子的树林，只要一伸手就可以摘到；再看看自己，自己被星星照得通身透亮。他快乐极了，就动手摘起星星来。

星星轻得几乎没有分量，摘起来挺容易，他一连摘了几百颗，用衣裳兜着，快要兜满了。月亮姊姊送给他一条美丽的丝绳，还帮他把一颗颗星星穿起来，串成项链。

这样美丽的项链，世界上从来没有过，现在却在芳儿手里。他要把这样一条项链送给妈妈，作为妈妈生日的礼物。

芳儿心里想的，就是要让妈妈得到连做梦也想不到的欢喜，就是要表达他对妈妈的比海还深的爱。他捧着星星项链，飞奔回家，刚跨进门就大声喊："妈妈！妈妈！您在哪里？我送给您一件礼物，最最美丽的礼物，最最稀罕的礼物。"

妈妈跑出来，把芳儿抱在怀里。芳儿举起双臂，把星星项链挂在妈妈的脖子上。无法形容的透亮的光，从妈妈身上射出来，妈妈就成了一位仙女了。芳儿自己不也成了个小仙人了吗？看着妈妈脸上的慈祥的笑，芳儿快活得手舞足蹈起来。

芳儿的手和腿一动，他的梦就醒了。妈妈正伏在他的枕头旁边，脸上的慈祥的笑，正跟芳儿在梦中看到的一个模样。

小白船

那条小溪是各种可爱的东西的家。小红花站在那儿，只顾微笑，有时还跳起好看的舞来。绿色的草上缀着露珠，好像仙人的衣服，耀得人眼花。水面上铺着青色的萍叶，矗（chù）起一朵朵黄色的萍花，好像热带地方的睡莲——可以说是小人国里的睡莲。小鱼儿成群地来来往往，细得像绣花针，只有两颗大眼珠闪闪发光。青蛙老瞪着眼睛，不知守在那儿干什么，也许在等待他的好朋友。

水面上有极轻微的声音，是鱼儿在奏乐，他们会用他们的特别的方法，奏出奇妙的音乐来，"泼剌……泼剌……"好听极了。他们邀小红花跟他们一起跳舞；绿萍要炫耀自己的美丽的衣服，也跟了上来。小人国里的睡莲高兴得轻轻地抖动，青蛙看呆了，不知不觉随口唱起歌来。

小溪上的一切东西更加有趣更加可爱了。

小溪的右岸停着一条小小的船。这是一条很可爱的小船，船身是白的，它的舵和桨，它的帆，也都是白的；形状像一支梭子，又狭又长。胖子是不配乘这条船的。胖子一跨上船，船身一侧，胖子就掉进水里去了。老人也不配乘这条船。老人脸色黝黑，额角上布满了皱纹，坐在小船上，被美丽的白色一衬托，老人会羞得没处躲藏了。这条小船只配给活泼美丽的小孩儿乘。

真有两个孩子向溪边走来了。一个是男孩儿，穿着白色的衣服，脸色红得像个苹果。一个是女孩儿，穿着很淡的天蓝色的衣服，脸色也很红润，而且更加细嫩。他们俩手牵着手，用轻快的步子穿过了小树林，来到小溪边上，跨上了小白船。小白船稳稳地载着他们两个，略微摆了两下，好像有点儿骄傲。

男孩儿说："咱们在这儿坐一会儿吧。"

"好，咱们看看小鱼儿。"女孩儿靠着船舷回答。

小鱼儿依旧奏他们的音乐，青蛙依旧唱他的歌。男孩儿摘了一朵萍花，插在女孩儿的辫子上。他看着她笑了起来，说："你真像个新娘子了。"

女孩儿好像没听见，她拉了拉男孩儿的衣袖，说："咱们来唱《鱼儿歌》，咱们一同唱。"

他们唱起歌来：

鱼儿来，鱼儿来，
我们没有网，我们没有钩儿。
我们唱好听的歌，愿意跟你们一块玩儿。

鱼儿来，鱼儿来，

我们没有网，我们没有钩儿。
我们采好看的花，
愿意跟你们一块玩儿。

鱼儿来，鱼儿来，
我们没有网，我们没有钩儿。
我们有快乐的一切，
愿意跟你们一块玩儿。

歌还没唱完，刮起大风来了，小溪两岸的花和草，跳舞的拍子越来越快了，水面上也起了波纹。男孩儿张起帆来，要乘风航行。女孩儿掌着舵，手按在舵把上，像个老船工。只见两岸的景物飞快地往后退，小白船像一条飞鱼，在小溪上一直向前飞。

风真急呀，两岸的景色都看不清楚了，只见一抹一抹的黑影向后闪过。船底下的水声盖过了一切声音。帆盛满了风，好像弥勒佛的大肚子。小白船不知要飞到哪儿去！两个孩子着慌了，航行了这许多时候，不知到了什么地方。要让小白船停住，可是又办不到，小白船飞得正欢哩。

女孩儿哭了，她想起她的妈妈，想起她的小床，想起她的小黄猫，今天恐怕都见不着了。虽然有亲爱的小朋友跟她在一起，可是妈妈、小床、小黄猫，她都舍不得呀。

男孩儿给她理好被风吹散的头发，又用手盛她流下来的眼泪。他说："不要哭吧，好妹妹，一滴眼泪就像一滴甘露，你得爱惜呀。大风总有停止的时候，就像巨浪总有平静的时候一个样。"

女孩儿靠在他的肩膀上，哭个不停，好像一位悲伤的仙女。

男孩儿想办法让船停住。他叫女孩儿靠紧船舷，自己站了起来，左手拉住帆绳的活扣，右手拿着桨，他很快地抽开活扣，用桨顶住岸边。帆落下来了，小白船不再向前飞了。看看岸上，却是一片没有人的旷野。

两个孩子上了岸。风还像发了狂似的，大树摇得都有点儿累了。女孩儿才揩（kāi）干眼泪，看看四面没有人，也没有房屋，眼泪又像泉水一样涌出来了。男孩儿安慰她说："没有房屋，咱们有小白船呢。没有人，咱们两个在一起，不也很快活吗？咱们一同玩儿去吧！"

女孩儿跟着他一直向前走。风吹在身上有点儿冷，他们紧紧靠在一起，互相用手搂住腰。走了几百步远，他们看见一棵野柿子树，树上熟透的柿子好像无数的玛瑙球，有的落在地上。女孩儿拾起一个，掰开来一尝，甜极了，她就叫男孩儿也拾来吃。

他们俩坐在地上吃柿子，把一切都忘记了。忽然从矮树丛里跑出一只小白兔来，到了他们跟前就伏着不动了。女孩儿把它抱在怀里，抚摩它的柔软的毛。男孩儿笑着说："咱们又有了一个同伴，更不寂寞了。"他掰开一个柿子喂给小白兔吃，红色的果浆涂了小白兔一脸。

远远的有个人跑来了，个子特别高，脸长得很可怕。他看见小白兔在他们身边，就板起了脸，说他们偷了他的小白兔。

男孩儿急忙辩白说："他是自己跑来的。我们喜欢他。一切可爱的东西，我们都爱。"

那个人点点头说："既然这样，我也不怪你们。把小白兔还给我就是了。"

女孩儿舍不得，把小白兔抱得更紧了，脸贴着它的白毛，好像要哭出来了。那个人全不理会，伸手就把小白兔夺走了。

这时候，风渐渐缓和了。男孩儿想，既然遇到了人，为什么不问一问呢。他就问那个人，这儿离家有多远，该从哪条河走。

那个人说："你们家离这儿二十多里呢，河水曲折，你们一定认不得回去的路了。我可以送你们回去。"

女孩儿快活极了，她想，这个人长得可怕，心肠原来很慈善，就央告说："咱们快上船吧，妈妈和小黄猫都在等着我们呢！"

那个人说："这可不成。我送你们回去，你们用什么酬谢我呢？"

男孩儿说："我送给你一幅美丽的图画。"

女孩儿说："我送给你一束波斯菊，红的白的都有，真好看呢！"

那个人摇头说："我什么也不要。我有三个问题，你们能回答出来，我就送你们回去；要是答不出来，我就抱着小白兔自己走了。你们愿意吗？"

"愿意。"他们一同回答。

那个人说："第一个问题，鸟儿为什么要唱歌？"

"他们要唱给爱他们的人听。"女孩儿抢先回答。

那个人点点头说："算你答得不错。第二个问题，花儿为什么香？"

男孩儿回答说："香就是善，花儿是善的标志。"

那个人拍手说："有意思。第三个问题，为什么你们乘的是小白船？"

女孩儿举起右手，好像在课堂上回答老师似的："因为我们纯洁，只有小白船才配让我们乘。"

那个人大笑起来，他说："好，我送你们回去。"

两个孩子高兴极了。他们互相抱着，亲了一亲，就跑回小白船。

仍旧是女孩儿掌舵，男孩儿和那个人各划一支桨。女孩子看着两岸的大树、草屋、田地，都像神仙的世界，更使她满意的是那只小白兔没有离开她，这时候就在她的脚边。她伸手采了一支蓼（liǎo）花让他咬，逗着他玩儿。

男孩儿说："没有这场大风，就没有此刻的快乐。"

女孩儿说："要是咱们不能回答他的问题，此刻还有快乐吗？"

　　那个人划着桨，看着他们微笑，只不开口。

　　等到小白船回到原来停泊的地方，小红花和绿叶早已停止了跳舞，萍叶盖着睡熟了的小鱼儿，只有青蛙还在不停地唱歌。

燕　子

　　一丛棠棣（dì）花在柳树下开得多美丽呀，仿佛天空的繁星放出闪闪的光。顽皮的风推着，摇着，棠棣花怕羞，轻轻地摆动腰肢。风觉得有趣，推着，摇着，再也不肯罢休。棠棣花的腰肢摆动得真有点儿累了。

　　花丛旁边躺着一只可怜的小东西。他张开嫩黄的小嘴，等待妈妈爱抚的亲吻。可是妈妈在哪里呢？他悲哀地叫着。他的蓝色的羽毛闪着光，项颈前围着红色的围巾，真是个美丽的小东西。他背部的羽毛沾着些血，原来他受伤了。

　　清早醒来，他唱罢了晨歌，亲过了妈妈的嘴，笑着对妈妈说：“我要去看看春天的景致，听邻家的哥哥姐姐们歌唱。妈妈，让我出去玩一会儿吧。”

　　妈妈答应了，亲着他的嫩黄的嘴说：“好好儿去吧，我的宝贝。”

　　他于是离开了家，到处游逛。他听到泉水在细语，看到杜鹃花在浅笑。在幽静的小山上，他唱了几支歌，在清澈的小溪边，他洗了一回澡。他觉得累了，想休息一会儿，就停在柳树的枝丫上。

　　不知道什么地方飞来一颗泥弹，正打中了他的背。他一阵痛，就从柳树上掉下来，躺在棠棣花旁边。他用小嘴修剔（tī）背上的羽毛，沾着了湿漉漉的什么东西，一看，红的，这不是血吗！他觉得痛得受不了了，就哀哭一般地叫起来："妈妈，你在哪里呀？你的宝贝受伤了！妈妈，你在哪里呀？"

　　但是，妈妈哪里听得见呢？

　　柳树听见他哀叫，安慰他说："可怜的小东西，你吃苦了。你的妈妈在哪里？可惜我的手臂够不着你，不能扶你起来。"

　　池塘里的水听见他哀叫，安慰他说："可怜的小朋友，你吃苦了。你的妈妈在哪里？可惜我不得自由，不能到岸上把你背上的血洗去。"

　　蜜蜂飞过，听见他哀叫，安慰他说："可怜的小朋友，你吃苦了。你的妈妈在哪里？可惜我的翅膀太单薄，不能抱着你把你送回家去。"

　　棠棣花早就听到他在哀叫，而且听得最真切，因为棠棣花贴近他的身旁。她十分可怜他，甜蜜地安慰他说："美丽的小东西，妈妈总会来的，不要哭。你可以在我这里休息一会儿，我盖着你，保护你。你好好儿休息吧。"

　　听了许多安慰他的话，他似乎痛得轻了些。他心里想："他们多么关心我呀。可是妈妈在等我呢，我不回去，妈妈一定着急了。"

这一天，青子正好放假。她来到野外，采了些野花，预备送给她的小朋友玉儿。她穿着湖色的衫子，两条小胳膊露在外面，又细又软的头发披在肩上，时时被风吹得飘起来。看她的步子这样轻松，就知道她心里装满了快乐。

她手里已经有了红的花和白的花，待看到粉红的棠棣花，她也想采一点儿。正要采的时候，一声哀苦的叫唤使她住了手，原来一只可爱的小燕子躺在那里。啊，闪着光的羽毛上沾着血呢！

她放下手中的花，把小燕子捧了起来，取出雪白的手绢给他擦去背上的血。她轻轻地抚摩着他的羽毛，用右颊亲着他，温柔地说："可怜的小宝贝，你吃苦了。是谁欺侮了你？是谁欺侮了你？现在你的痛苦过去了。我给你睡又软和又温暖的床，给你吃又甜又香的食品。我做你的亲爱的伴侣。你跟我回家去吧，小宝贝。"

小燕子睡在她的手掌上，感到又温暖又软和，非常舒适。可是他又叫了，不是因为痛，只是因为想念妈妈。"妈妈，我遇见了一位可爱的小姑娘。她喜欢我，带我到她家里去了。你到她家里来看我吧，我很平安，但是你要马上来呀！"

柳树、池塘里的水、蜜蜂、棠棣花全都放心了，一同对小燕子说："青子是一位仁慈的小姑娘。她能体会我们的心愿。你跟她去吧。你的妈妈找到这里来，我们会告诉她的。再会了，幸福的小燕子！"

青子把小燕子带到家里，先去告诉了玉儿，顺便把采到的野花送给了她。玉儿听了非常喜欢，说她们俩一定要好好地调养小燕子，使他恢复活泼可爱的原样儿。于是她们俩有新鲜的事儿干了。

青子调了些很好的东西给小燕子吃；玉儿采来柔软的草铺在一个匣子里，做小燕子的巢。小燕子吃饱了，因为才受过伤，有点儿疲倦，昏昏沉沉地想睡了。青子和玉儿看护着他，轻轻地唱着催眠曲："小宝贝睡呀！猫来，打他；狗来，骂他。小宝贝睡呀！"小燕子听着歌声，渐渐熟睡了。

小燕子一觉醒来，只见两个笑脸紧贴着，都在看着他呢。他回想自己受伤以后的事儿，心里说："妈妈，你怎么还不来呢？你一定在找我，我却在这里。小姑娘待我很好，她们为什么不把你也接来呢？"他一边想，一边滴下眼泪来了。

青子看了觉得很难受，用手绢轻轻地按住自己的眼睛。她说："小宝贝，暂且忍耐一会儿。现在还没法儿找到你的妈妈。暂时把我这里当作你的家吧，好好儿静养，把你的伤快点儿养好。我们一定想办法寻找你的妈妈。"

小燕子只是掉眼泪。

玉儿对他说："你最喜欢唱歌，一定也喜欢听歌。我唱一支歌给你解闷儿吧。"

玉儿就唱起来：

树上的红从哪里来？

山头的绿从哪里来？

红襟的小宝贝呀，

是你带来了春天的消息。

溪上的绿波从哪里来？

田野的泥香从哪里来？

红襟的小宝贝呀，

是你带来了春天的消息。

醉人的暖风从哪里来？

迷人的烟景从哪里来？

红襟的小宝贝呀，

是你带来了春天的消息。

玉儿唱着，青子和着，歌声格外好听。她们把脸贴着匣子低声问："你该快活了吧？我们的歌声跟你相比怎么样？"

小燕子本来喜欢唱歌，听她们这样说，禁不住要试一试。他就唱起来：

亲爱的妈妈，你在哪里？

亲爱的妈妈，你在哪里？

你的宝贝在这里呀，
谁给你传个消息？

你在山上找我吗？
你在水边找我吗？
你的宝贝在这里呀，
谁给你传个消息？
我在这里等你呢！
我在这里等你呢！
我要睡在你怀里呀，
谁帮我传个消息？

青子忽然拍着玉儿的肩膀说："想着了，我们何不在报上登个广告呢。"

玉儿马上拿来了铅笔和纸，嚷嚷说："我来写，我来写。"她就动笔写起来：

亲爱的妈妈，孩儿中了一颗泥弹，受了轻微的伤。青子小姑娘留我住在她家里，现在一切都安适。你不要惊慌，一丝惊慌也用不着。可是孩儿盼望妈妈立刻来看我。尽你翅膀的力量——但是不要太累了。快来，快来！你亲爱的小宝贝。

青子笑着对小燕子说："玉儿姑娘代你写得很好。明天你妈妈看报，看见了这个广告，一定会尽快飞来接你。现在你可以宽心了。"

小燕子不再掉泪了。青子和玉儿伴着他，给他讲黄金洞里的小女王的故事。晚上点起了灯，她们又在金色的灯光下唱那些神仙们爱唱的歌，直到他进了梦乡。小燕子梦见同他的妈妈去访问竹鸡的家，小竹鸡取出松子来款待他，他好不快活。

第二天上午，小燕子的妈妈急急忙忙飞来了。她一看见她的宝贝，就张开翅膀抱住他说："寻得我心都碎了！伤在什么地方？我的宝贝……"

小燕子快乐得直流泪。他张开了黄的小嘴，不住地亲他妈妈。他说："妈妈来了，一切都好了！伤口已经结痂，而且丝毫不觉得痛了。"

"你真幸运。"妈妈说，"大家都这样关心你，爱护你。"

小燕子撒娇说："是呀，我遇到的全是好心人。要不是大家这样爱护，我的伤不会好得这样快。"

"咱们回家去吧。"妈妈快乐地说。

青子和玉儿掉泪了，她们舍不得小燕子回去，又不忍叫小燕子不要回去。

小燕子安慰她们说："好姑娘，好姑娘，不要哭，我天天来看望你们。我有新鲜的歌，一定来唱给你们听，我有好东西，一定给你们送来，因为你们待我太好了。"

　　小燕子跟着妈妈回家去了。他每天来看望青子和玉儿，唱一回歌，扑着翅膀跳一回舞。每年春天，他从南方回来，总带些红的白的珊瑚和美丽的贝壳，送给青子和玉儿玩儿。

　　青子和玉儿看见他来了，就拿出当时那个匣子说："你又回来了，这是你的旧居，来歇一歇吧。"

梧桐子

许多梧桐子，他们真快活呢。他们穿着碧绿的新衣，都站在窗沿上游戏。周围张着绿绸似的帷幕。一阵风吹来，绿绸似的帷幕飘动起来，像幽静的庭院。从帷幕的缝里，他们可以看见深蓝的天，看见天空中飞过的鸟儿，看见像仙人的衣裳似的白云；晚上，他们可以看见永远笑嘻嘻的月亮，看见俏皮地眨着眼睛的星星，看见白玉的桥一般的银河，看见提着灯游行的萤火虫。他们看得高兴极了，轻轻地唱起歌来。这时候，隔壁的柿子也唱了，下面的秋海棠也唱了，石阶底下的蟋蟀也唱了。唱歌的时候有别人来应和，这是多么有趣呀，所以梧桐子们都很快活。

有一颗梧桐子，他不但喜欢看一切美丽的东西，唱种种快活的歌，他还想离开窗沿，出去游戏。他羡慕鸟儿，羡慕白云，羡慕萤火虫。他想，要是能跟他们一个样到处飞，一定可以看到更多的美丽的东西，唱出更多的快活的歌。离开窗沿并不难办，只要一飞就飞出去了。他于是跟母亲说："我要出去游戏，到处飞行，像鸟儿那样，像白云那样，像萤火虫那样，我就可以看到更多的美丽的东西，唱出更多的快活的歌。回来的时候，我把看到的一切都讲给您听，给您唱许多许多快活的歌。"

他的母亲摇了摇头，身子也摆了几摆，和蔼地对他说："你应该出去旅行，哪有不让你去的道理呢？可是现在，你的身体还不够强壮，再等些时候吧！"

他听了不再作声，心里可不大高兴。他觉得自己已经很胖很结实了，一定是母亲不放他走，什么身体不够强壮，不过是推托的话罢了。他决定不告诉母亲，自个儿偷偷地飞开去。可是飞到了外边，会不会遇上什么困难呢？独自旅行，能不能找到同伴呢？一想到这些，都叫他担心害怕。他于是对哥哥们弟弟们说："你们羡慕鸟儿吗？羡慕白云吗？羡慕萤火虫吗？你们想看到更美丽的东西吗？想唱出更快活的歌吗？这些都是做得到的，只要你们跟我走。我们就可以跟鸟儿一个样，跟白云一个样，跟萤火虫一个样，到处旅行。"

哥哥弟弟的性情都跟他差不多，谁不喜欢出去旅行，看看广阔的世界？他们都拍着手喊起来："咱们快走吧！咱们快走吧！"

他们换上了褐色的旅行服，站在窗沿下准备着。这时候，绿绸似的帷幕变成黄锦似的了，而且少了许多，变得稀稀朗朗的，因为太阳不太热了。风从稀朗的帷幕间吹来，梧桐子们借着风的力量，都想离开窗沿。大家把身子摇了几摇，还站在窗沿上。只有一颗，就是最先想到要离开的一颗，独自一个飞走了。他多么高兴呀，自以为领了头，带着哥哥们弟弟们到广阔的世界里去旅行了。

他头也不回，只顾往前飞，一会儿高一会儿低。后来，他觉得有点儿力乏了，才回过头去招呼哥哥们弟弟们。啊呀，不好了，他们都飞到哪儿去了呢？他心里一慌，身子就笔直地往下掉；头脑里迷迷糊糊的，不知落在了什么地方。

他渐渐清醒过来，看看周围，原来他落在田边上，一个十五六岁的姑娘正在栽菜秧。他才想起了哥哥弟弟，他们不知道在什么时候离开了他。现在要找他们，实在太不容易了。要是找不着他们，独自一个去旅行，他可有点儿不敢。他们总在附近吧，还是飞起来找一找吧。哪儿知道他一动也不能动。他着急了，急得流出了眼泪来，向周围看看，只有一位姑娘。他想，那位姑娘也许能帮他点儿忙吧！

他带着哭声说："姑娘，您看见我的哥哥弟弟了吗？他们到哪里去了？请您告诉我，可爱的姑娘。"

姑娘只管栽她的菜秧，好像没听见他的话。栽完了六畦（qí），她穿上放在田边的青布衫，两只手扣着纽扣，忽然看见了落在地上的梧桐子，就把他拾了起来。

他在姑娘的手心里，手心又柔软又暖和，真舒服极了。他不再哭了，心里想："这位姑娘真可爱，她一定知道我的哥哥弟弟在哪里，一定会把我送到他们身边去的。"

姑娘回到自己家里，把他放在靠窗的桌子上。他以为来到哥哥们弟弟们中间了，急忙向周围看，却一个也没有。他又犯愁了，高声喊："姑娘，我不要留在这里，我要找我的哥哥们弟弟们。请您赶快把我送到他们身边去吧！"

姑娘不理睬他，掸（dǎn）去衣裳上的尘土，然后走到窗前，把他捡了起来，用手指捻着玩儿。他好像在摇篮里似的，身子摇来摇去，觉得很舒服。姑娘捻了一会儿，把他扔起来，用手接住，接了又扔，扔了又接。他一忽而升起来，一忽而往下落，又快又稳，也非常有趣。可是一想起哥哥弟弟，不知道他们现在在哪儿，心里又很不自在。

姑娘听见她母亲在叫唤了，把他放在靠窗的桌子上就走了。他想，姑娘一走，他更没有希望了。当初站在家里的窗沿上，以为一离开家，要到哪里就哪里，自由极了。哪里想到现在自己做不得主，一动也不能动，不要说到处旅行了，就是想回家去看看母亲，打听一下哥哥们弟弟们的消息，也办不到。他无法可想，只好对着淡淡的阳光叹气。他懊悔没听母亲的话，母亲早跟他说了，"等你身体强壮了，你就可以离开家了"。身体强壮了，一定可以自由自在地到处飞了，可是现在，懊悔也来不及了。

窗外飞来一只麻雀，落在桌子上，侧着脑袋对他看了又看，两只小脚跳跃着，叽叽喳喳地叫着。他想，麻雀或者知道哥哥们弟弟们的消息，就求他说："麻雀哥哥，您看见了我的哥哥弟弟吗？他们到哪里去了呢？请您告诉我，可爱的麻雀哥哥。"

麻雀侧着脑袋，又看了看他，跳跃着，又叽叽喳喳地叫着，似乎没听见他的话。过了一会儿，麻雀一口衔住了他，向窗外飞去。

他在麻雀的嘴里，周身觉得很潮润，麻雀用舌头舔他，好像给他挠痒痒似的。他本来很渴了，身上又有点儿痒，所以感到很舒服。他想："麻雀哥哥真可爱，他一定知道我的哥哥弟弟在哪里，一定会把我送到他们身边去的。"

不知道为什么，麻雀一张嘴，他就从半空里掉了下来。"不好了，又往下掉了，这一回可比前一回高得多，落到地上一定没有命了。我的母亲……"他还没想完，身子已经着地了，他吓得失去了知觉。

其实他好好的，正好落在又松又软的泥里。下了几天春雨，刮了几天春风，他醒过来了。看看自己身上，褐色的旅行服已经不在了，换上了一身绿色的新衣，比先前的更加鲜艳。看看周围的邻居，都是些小草，也穿着可爱的绿色的新衣。有了这许多新朋友，他不再觉得寂寞了，可是想起母亲，想起哥哥弟弟，不知道他们怎样了，心里就不大愉快。

他慢慢地长大了，周围的小草们本来跟他一般高，现在只能盖没他的脚背。他的身子很挺拔，站得笔直，真是个漂亮的小伙子。小草们都很羡慕他，跟他非常亲热。他们说："你是我们的领袖。你跳舞的时候，我们也跳；你唱歌的时候，我们也唱。可惜我们的身子太柔弱，姿势不如你好看；我们的嗓门也太细，声音不如你好听。这有什么要紧呢？我们中间有了个你，你是我们的领袖。"

他感谢小草们的好意，愿意尽力保护他们。刮狂风的时候，下暴雨的时候，他遮掩着小草们。

有一天，一只燕子飞来，歇在他的肩膀上。燕子本是当邮差的，所以他心里很高兴，就写了一封信交给燕子。他说："燕子哥哥，好心的邮差，我有一封信，是写给母亲和哥哥们弟弟们的。可是我不知道他们在什么地方。请您帮我打听吧；打听到了，就把我这封信给他们看，让他们都能看到。最好能带个回音给我。谢谢您，好心的燕子哥哥。"

燕子一口答应，把信带走了。没过一天，燕子背了一大口袋信回来了，对他说："你的信来了。他们都给你写了回信哩。"

他快活得不知道说什么好，只是嘻嘻地笑。先拆开母亲的信，他看信上说："得到了你的消息，我很快活。我现在很好。你的哥哥弟弟跟你一个样，也到别处去了。他们常常有信来。现在告诉你一件事儿，你一定会喜欢的，就是你又要有许多小弟弟了。"

他又拆开哥哥们弟弟们的回信。下面就是他们信上的话：

那一天你太性急，独自一个先走了。没隔多久，我也离开了母亲，现在住在一个花园里。

我离开了母亲，落在人家的屋檐上。修房子的工匠把我扫了下来，我就在院子里住下了。

最有趣的是我到过一位小姑娘的嘴里，才停留了一分钟。

我的新衣服绿得美丽极了，你的是什么颜色的？

我将来也会有孩子的。希望有一天，你来看看你的侄子们。

他看完信，心就安了。母亲和哥哥弟弟，他们都很好，用不着老挂念他们，只要隔几天写封信去问一问就好了。燕子天天来问他有没有信要送。

他很快活，至今还笔挺地站在那儿，身子只顾往高里长。

稻草人

　　田野里白天的风景和情形，有诗人把它写成美妙的诗，有画家把它画成生动的画。到了夜间，诗人喝了酒，有些醉了；画家呢，正在抱着精致的乐器低低地唱，都没有工夫到田野里来。那么，还有谁把田野里夜间的风景和情形告诉人们呢？有，还有，就是稻草人。

　　稻草人是农人亲手造的。他的骨架子是竹园里的细竹枝，他的肌肉和皮肤是隔年的黄稻草。破竹篮子、残荷叶都可以做他的帽子；帽子下面的脸平板板的，分不清哪里是鼻子，哪里是眼睛。他的手没有手指，却拿着一把破扇子——其实也不能算拿，不过用线拴住扇柄，挂在手上罢了。他的骨架子长得很，脚底下还有一段，农人把这一段插在田地中间的泥土里，他就整天整夜站在那里了。

　　稻草人非常尽责任。要是拿牛跟他比，牛比他懒惰多了，有时躺在地上，抬起头看天。要是拿狗跟他比，狗比他顽皮多了，有时到处乱跑，累得主人四外去找寻。他从来不嫌烦，像牛那样躺着看天；也从来不贪玩，像狗那样到处乱跑。他安安静静地看着田地，手里的扇子轻轻摇动，赶走那些飞来的小雀，他们是来吃新结的稻穗的。他不吃饭，也不睡觉，就是坐下歇一歇也不肯，总是直挺挺地站在那里。

这是当然的，田野里夜间的风景和情形，只有稻草人知道得最清楚，也知道得最多。他知道露水怎么样凝在草叶上，露水的味道怎么样香甜；他知道星星怎么样眨眼，月亮怎么样笑；他知道夜间的田野怎么样沉静，花草树木怎么样酣睡；他知道小虫们怎么样你找我、我找你，蝴蝶们怎么样恋爱。总之，夜间的一切他都知道得清清楚楚。

以下就讲讲稻草人在夜间遇见的几件事儿。

一个满天星斗的夜里，他看守着田地，手里的扇子轻轻摇动。新出的稻穗一个挨一个，星光射在上面，有些发亮，像顶着一层水珠；有一点儿风，就沙啦沙啦地响。稻草人看着，心里很高兴。他想，今年的收成一定可以使他的主人——一位可怜的老太太笑一笑了。她以前哪里笑过呢！八九年前，她的丈夫死了。她想起来就哭，眼睛到现在还红着；而且成了毛病，动不动就流泪。她只有一个儿子，娘俩费苦力种这块田，足足有三年，才勉强把她丈夫的丧葬费还清。没想到儿子紧接着得了白喉，也死了。她当时昏过去了，后来就落了个心痛的毛病，常常犯。这回只剩她一个人了，老了，没有气力，还得用力耕种；又挨了三年，总算把儿子的丧葬费也还清了。可是接着两年闹水灾，稻子都淹了，不是烂了就是发了芽。她的眼泪流得更多了，眼睛受了伤，看东西模糊，稍微远一点儿就看不见。她的脸上满是皱纹，倒像个风干的橘子，哪里会露出笑容来呢！可是今年的稻子长得好，很壮实，雨水又不多，像是能丰收似的。所以稻草人替她高兴。想到收割的那一天，她看见收下的稻穗又大又饱满，这都是她自己的，总算没有白受累，她脸上的皱纹一定会散开，露出安慰的满意的笑容吧。如果真有这一笑，在稻草人看来，那比星星月亮的笑更可爱，更珍贵，因为他爱他的主人。

稻草人正在想的时候，一个小蛾飞来，是灰褐色的小蛾。他立刻认出那小蛾是稻子的仇敌，也就是主人的仇敌。从他的职责想，从他对主人的感情想，都必须把那小蛾赶跑了才是。于是他手里的扇子摇动起来。可是扇子的风很有限，不能够叫小蛾害怕。那小蛾飞了一会儿，落在一片稻叶上，简直像不觉得稻草人在那里驱逐他似的。稻草人见小蛾落下了，心里非常着急。可是他的身子跟树木一样，定在泥土里，想往前移动半步也做不到；扇子尽管摇动，那小蛾却依旧稳稳地歇着。他想到将来田里的情形，想到主人的眼泪和干瘪的脸，又想到主人的命运，心里就像刀割一样。但是那小蛾是歇定了，不管怎么赶，他就是不动。

星星结队归去，一切夜景都隐没的时候，那小蛾才飞走了。稻草人仔细看那片稻叶，果然，叶尖卷起来了，上面留着好些小蛾下的卵。这使稻草人感到无限惊恐，心想祸事真个来了，越怕越躲不过。可怜的主人，她有的不过是两只模糊的眼睛。要告诉她，使她及早看见小蛾下的卵，才能挽救呢。他这么想着，扇子摇得更勤了。扇子常常碰在身体上，发出啪啪的声音。他不会叫喊，这是唯一的警告主人的法子了。

老妇人到田里来了。她弯着腰，看看田里的水正合适，不必再从河里引水进来。又看看她手种的稻子，全很壮实；摸摸稻穗，沉甸甸的。再看看那稻草人，帽子依旧戴得很正；扇子依旧拿在手里，摇动着，发出啪啪的声音；并且依旧站得很好，直挺挺的，位置没有动，样子也跟以前一模一样。她看一切事情都很好，就走上田岸，预备回家去搓草绳。

稻草人看见主人就要走了，急得不得了，连忙摇动扇子，想靠着这急迫的声音把主人留住。这声音里仿佛说："我的主人，你不要去呀！你不要以为田里的一切事情都很好，天大的祸事已经在田里留下根苗了。一旦发作起来，就要不可收拾，那时候，你就要流干了眼泪，揉碎了心，趁着现在赶早扑灭，还来得及。这儿，就在这一棵上，你看这棵稻子的叶尖呀！"他靠着扇子的声音反复地警告，可是老妇人哪里懂得，一步一步地走远了。他急得要命，还在使劲摇动扇子，直到主人的背影都望不见了，他才知道警告是无效了。

除了稻草人以外，没有一个人为稻子发愁。他恨不得一下子跳过去，把那灾害的根苗扑灭了；又恨不得托风带个信，叫主人快快来铲除灾害。他的身体本来很瘦弱，现在怀着愁闷，更显得憔悴了，连站直的劲儿也不再有，只是斜着肩，弯着腰，好像害了病似的。

不到几天，在稻田里，蛾下的卵变成的肉虫到处都是了。夜深人静的时候，稻草人听见他们咬嚼稻叶的声音，也看见他们越吃越馋的嘴脸。渐渐地，一大片浓绿的稻全不见了，只剩下光秆儿。他痛心，不忍再看，想到主人今年的辛苦又只能换来眼泪和叹气，禁不住低头哭了。

这时候天气很凉了，又是在夜间的田野里，冷风吹得稻草人直打哆嗦。只因为他正在哭，没觉得。忽然传来一个女人的声音："我当是谁呢，原来是你。"他吃了一惊，才觉得身上非常冷。但是有什么法子呢？他为了尽责任，而且行动不由自主，虽然冷，也只好站在那里。他看那个女人，原来是一个渔妇。田地的前面是一条河，那渔妇的船就停在河边，舱里露出一丝微弱的火光。她那时正在把撑起的鱼罾（zēng）放到河底。鱼罾沉下去，她坐在岸上，等过一会儿把它拉起来。

舱里时常传出小孩子咳嗽的声音，又时常传出困乏的、细微的叫妈的声音。这使她很焦心，她用力拉罾，总像很不顺手，几乎回回是空的。舱里的孩子还在咳嗽还在喊，她就向舱里说："你好好儿睡吧！等我得着鱼，明天给你煮粥吃。你老是叫我，叫得我心都乱了，怎么能得着鱼呢！"

孩子忍不住，还是喊："妈呀，把我渴坏了！给我点儿茶喝！"接着又是一阵咳嗽。

"这里哪来的茶！你老实一会儿吧，我的祖宗！"

"我渴死了！"孩子竟大声哭起来。在空旷的夜间的田野里，这哭声显得格外凄惨。

渔妇无可奈何，放下拉罾的绳子，上了船，进了舱，拿起一个碗，从河里舀了一碗水，转身给孩子喝。孩子一口气把水喝下去，他实在渴极了。可是碗刚放下，他又咳嗽起来，而且更厉害了，后来就只剩下喘气。

渔妇不能多管孩子，又上岸去拉她的罾。好久好久，舱里没有声音了，她的罾也不知又空了几回，才得着一条鲫鱼，有七八寸长。这是头一次收获，她很小心地把鱼从罾里取出来，放在一个木桶里，接着又把罾放下去。这个盛鱼的木桶就在稻草人的脚旁边。

稻草人这时候更加伤心了。他可怜那个病孩子，渴到那样，想喝一口茶都办不到。病到那样，还不能跟母亲一起睡觉。他又可怜那个渔妇，在这寒冷的深夜里打算明天的粥，所以不得不硬着心肠把生病的孩子扔下不管。他恨不得自己去做柴，给孩子煮茶喝；恨不得自己去做被褥，给孩子一些温暖；又恨不得夺下小肉虫的赃物，给渔妇煮粥吃。如果他能走，他一定立刻照着他的心愿做。但是不幸，他的身体跟树木一个样，定在泥土里，连半步也不能动。他没有法子，越想越伤心，哭得更痛心了。忽然啪的一声，他吓了一跳，停住哭，看出了什么事情，原来是鲫鱼被扔在木桶里。

木桶里的水很少，鲫鱼躺在桶底，只有靠下的一面能够沾一些潮润。鲫鱼很难受，想逃开，就用力向上跳。跳了好几回，都被高高的桶框挡住，依旧掉在桶底上，身体摔得很疼。鲫鱼的向上的一只眼睛看见稻草人，就哀求说："我的朋友，你暂且放下手里的扇子，救救我吧！我离开我的水里的家，就只有死了。好心的朋友，救救我吧！"

听见鲫鱼这样恳切的哀求，稻草人非常心酸，但是他只能用力摇动自己的头。他的意思是说："请你原谅我，我是个柔弱无能的人啊！我的心不但愿意救你，而且愿意救那个捕你的妇人和她的孩子，除了你、渔妇和孩子，还有一切受苦受难的。可是我跟树木一样，定在泥土里，连半步也不能自由移动，我怎么能照我的心愿去做呢？请你原谅我，我是个柔弱无能的人啊！"

鲫鱼不懂稻草人的意思，只看见他连连摇头，愤怒就像火一般地烧起来了。"这又不是什么难事！你竟没有一点儿人心，只是摇头！原来我错了，自己的困难，为什么求别人呢？我应该自己干，想法子。不成，也不过一死罢了，这又算得了什么！"鲫鱼大声喊着，又用力向上跳，这回用了十二分力，连尾巴和胸鳍的尖端都挺了起来。

稻草人见鲫鱼误解了他的意思，又没有方法向鲫鱼说明，心里很悲痛，就一面叹气，一面哭。过了一会儿，他抬头看看，渔妇睡着了，一只手还拿着拉罾的绳。这是因为她太累了，虽然想着明天的粥，也终于支持不住了。桶里的鲫鱼呢？跳跃的声音听不见了，尾巴好像还在断断续续地拨动。稻草人想，这一夜是许多痛心的事都凑在一块儿了，真是个悲哀的夜！可是看那些吃稻叶的小强盗，他们高兴得很，吃饱了，正在光秆儿上跳舞呢。稻子的收成算完了，主人的衰老的力量又白费了，世界上还有比这更可怜的吗？

夜更暗了，连星星都显得无光。稻草人忽然觉得由侧面田岸上走来一个黑影，近了，仔细一看，原来是个女人，穿着肥大的短袄，头发很乱。她站住，望望停在河边的渔船，一转身，向着河岸走去。不多几步，她又直挺挺地站在那里。稻草人觉得很奇怪，就留心看着她。

一种非常悲伤的声音从她的嘴里发出来，微弱，断断续续，只有听惯了夜间一切细小声音的稻草人才听得出。那声音说："我不是一头牛，也不是一头猪，怎么能让你随便卖给人家！我要跑，不能等着明天真个被你卖给人家。你有一点儿钱，不是赌两场输了就是喝几天黄汤花了，管什么用！你为什么一定要逼我？……只有死，除了死没有别的路！死了，到地下找我的孩子去吧！"这些话又哪里成话呢，哭得抽抽搭搭的，声音都被搅乱了。

稻草人非常心惊，又是一件惨痛的事情让他遇见了。她要寻死呢！他着急，想救她，自己也不知道为什么。他又摇起扇子来，想叫醒那个沉睡的渔妇。但是办不到，那渔妇睡得跟死了似的，一动也不动。他恨自己，不该像树木一样定在泥土里，连半步也不能动。见死不救不是罪恶吗？自己就正在犯着这种罪恶。这真是比死还难受的痛苦哇！"天啊，快亮吧！农人们快起来吧！鸟儿快飞去报信吧！风快吹散她寻死的念头吧！"他这样默默地祈祷。可是四围还是黑洞洞的，也没有一丝声音。他心碎了，怕看又不能不看，就胆怯地死盯着站在河边的黑影。

那女人沉默着站了一会儿，身子往前探了几探。稻草人知道可怕的时候到了，手里的扇子拍得更响。可是她并没跳，又直挺挺地站在那里。

又过了好大一会儿，她忽然举起胳膊，身体像倒下一样，向河里蹿去。稻草人看见这样，没等到听见她掉在水里的声音，就昏过去了。

第二天早晨，农人从河岸经过，发现河里有死尸，消息立刻传出去。附近的男男女女都跑来看。嘈杂的人声惊醒了酣睡的渔妇，她看那木桶里的鲫鱼，已经僵僵地死了。她提了木桶走回船舱。生病的孩子醒了，脸显得更瘦了，咳嗽也更加厉害。那老农妇也随着大家到河边来看。走过自己的稻田，顺便看了一眼。没想到才几天工夫，完了，稻叶稻穗都没有了，只留下直僵僵的光秆儿。她急得跺脚，捶胸，放声大哭。大家跑过来问她劝她，看见稻草人倒在田地中间。

天井里的种植

搬到上海来十多年，一直住的弄堂房子。弄堂房子，内地人也许不明白是什么式样。那是千篇一律的：前墙通连，隔墙公用，若干所房子成为一排，前后两排间的通路就叫作"弄堂"。若干条弄堂合起来总称什么里什么坊，表示那是某一个房主的房产。每一所房子开门进去是个小天井。天井，也许又有人不明白是什么。天井就是庭院。弄堂房子的庭院可真浅，只需三四步就跨过了，横着等于一所房子的阔，也不过五六步光景，如果从空中望下来，一定会觉得那个"井"字怪适当的。天井跨进去就是正间。正间背后横生着扶梯，通到楼上的正间以及后面的亭子间。因为房子并不宽，横生的扶梯够不到楼上的正间，碰到墙，拐弯向前去，又是四五级，那才是楼板。到亭子间可不用跨这四五级，所以亭子间比楼正间低。亭子间的下层是灶间，上层是晒台，从楼正间另一旁的扶梯走上去。近年来常常在文人笔下出现的亭子间就是这么局促拥挤的居室。然而弄堂房子的结构确乎值得佩服。俗语说，"麻雀虽小，五脏俱全"，弄堂房子就合着这样经济的条件。

住弄堂房子，非但栽不成深林丛树，就是几棵花草也没法种，因为天井里完全铺着水门汀。你要看花草只有种在花盆里。盆里的泥往往是反复地种过了几种东西的，一些养料早被用完，又没处去取肥美的泥土来加入，所以长出叶子来开出花朵来大都瘦小可怜。有些人家嫌自己动手麻烦，又正有多余的钱足以对付小小的奢侈的开支，就与花园约定，每个月送两回或者三回盆景来。这样，家里就长年有时令花草，过了时的自有花匠带回去，真是毫不费事。然而，这等人家的趣味大都在于不缺少照例应有的点缀，自己的生活跟花草的生活却并没有多大干系。只要看花匠带回去的，不是干枯了的叶子，就是折断了的枝干，可见我这话没有冤枉了他们。再有些人家从小菜场买一些折枝截茎的花草，拿回来就插在花瓶里，不像日本人那样讲究什么"花道"，插成"乱柴把"或者"喜鹊窠"都不在乎。直到枯萎了，拔起来向垃圾桶一扔，就此完事。这除了"我家也有一点儿花草"以外，实在缺少意味。

我们乐于亲近植物，趣味并不完全在看花。一条枝条伸出来，一张叶子展开来，你如果耐着性儿看，随时有新的色泽跟姿态勾引你的欢喜。到了秋天冬天，吹来几阵西风北风，树叶毫不留恋地掉将下来。这似乎最乏味了。然而你留心看时，就会发现枝条上旧时生着叶柄的处所，有很细小的一粒透露出来，那就是来春新枝条的萌芽。春天的到来是可以预计的，所以你对着没有叶子的枝条也不至于感到寂寞，你有来春看新绿的希望。这固然不值一班鉴赏家的一笑。在他们，树一定要搜求佳种，花一定要能够入谱，寻常的种类跟谱外的货色就不屑一看。但是，果真能从花草方面得到真实的享受，做一个非鉴赏家的"外行"又有什么关系？然而，买一点折枝截茎的花草来插在花瓶里，那是无法得到这种享受的；叫花匠每个月送几回盆景来也不行，因为时间太短促，你不能读遍一种植物的生活史；自己动手弄盆栽当然比较好，可是植物入了盆犹如鸟进了笼，无论如何总显得拘束、滞钝，跟原来不一样。推究到底，只有把植物种在泥地里最好。可是哪来泥地呢？弄堂房子的天井里有的是坚硬的水门汀！

把水门汀去掉——我时时这样想，并且告诉别人。关切我的人就提出了驳议。有两说：又不是自己的房产，给点缀花木犯不着，这是一说；谁知道这所房子住多少日子，何必种了花木让别人看，这是又一说。前者着眼在经济，后者只怕徒劳而得不到报酬。这种见识虽然不能叫我信服，可是究属好意。我对他们都致了谢。然而也并没有立刻动手。直到三年前的冬季，才真个把天井里的水门汀的两边凿去，只留当中一道，作为通路。水门汀下面满是砖砾，烦一个工人用了独轮车替我运出去。他就从不很近的田野里载回来泥土，倒在凿开的地方。来回四五趟，泥土与留着的水门汀平了。于是我买一些植物来种下，计蔷薇两棵，紫藤两棵，红梅一棵，芍药根一个。蔷薇跟紫藤都落了叶，但是生着叶柄的处所，萌芽的小粒已经透出来了；红梅满缀着花蕾，有几个已经展开了一两瓣；芍药根生着嫩红的新芽，像一个个笔尖，尤其可爱。我希望它们发育得壮健些，特地从江湾买来一片豆饼，溶化了，分配在各棵的根旁边；又听说芍药更需要肥料，在安根处的下边埋了一条猪的大肠。

不到两个月，"一·二八"战役起来了。停战以后，我回去捡残余的东西。天井完全给碎砖断板掩没了。只红梅的几条枝条伸出来，还留着几个干枯的花萼：新叶全不见，大概是没命了。当时心里充满着种种的忿恨，一瞥过后，就不再想到花呀草呀的事。后来回想起来，才觉得这回的种植真是多此一举。既没有点缀人家的房产，也没有让别人看到什么。除了那棵红梅总算看见它半开以外，一点儿效果都没有得到，这才是确切的"犯不着"。然而当初提出驳议的人并不曾想到这一层。

去年秋季，我又搬家了。经朋友指点，来看这所房子，才进里门，我就中了意，因为每所房子的天井都留着泥地，再不用你费事，只一条过路涂的水门汀。搬了进来之后，我就打算种点儿东西。一个卖花的由朋友介绍过来了。我说要一棵垂柳，大约齐楼上的栏杆那么高。他说有，下礼拜早上送来。到了那礼拜天，一家人似乎有一位客人将要到来的样子，都起得很早。但是，报纸送来了，到小菜场去买菜的回来了，垂柳却没有消息。那卖花的"放生"了吧，不免感到失望。忽然，"树来了！树来了！"在弄堂里赛跑的孩子叫起来。三个人扛着一棵绿叶蓬蓬的树，在门首停下，不待竖直，就认出这是柳树而并不是垂柳。为什么不送一棵垂柳来呢？种活来得难哩，价钱贵得多哩，他们说出好些理由。不垂又有什么关系，就叫他们给我种在门侧，正是齐楼上的栏杆那么高。问多少价钱，两块四，我照给了。人家都说太贵，若在乡下，这样一棵柳树值不到两毛钱。我可不这么想。三个人的劳力，从江湾跑了十多里路来到我这里，并且带来一棵绿叶蓬蓬的柳树，还不值这点儿钱吗？就是普通的商品，譬如四毛钱买一双袜子，一块钱买三罐香烟，如果撇开了资本吸收利润这一点来说，付出的代价跟取得的享受总有些抵不过似的，因为每样物品都是最可贵的劳力的化身，而付出的代价怎样来的未必每个人没有问题。

因柳树离开了土地一些时候，种下去过了三四天，叶子转黄，都软软地倒垂了，但枝条还是绿的。半个月后就是小春天气，接连十几天的暖和，枝条上透出许多嫩芽来。这尤其叫人放心。现在吹过了几阵西风，节令已交小寒，这些嫩芽枯萎了。然而清明时节必将有一树新绿是无疑的。到了夏天，繁密的柳叶正好代替凉棚，遮护这小小的天井：那又合于家庭经济原理了。

柳树以外我又在天井里种了一棵夹竹桃，一棵绿梅，一条紫藤，一丛蔷薇，一个芍药根，以及叫不出名字来的两棵灌木。又有一棵小刺柏，是从前住在这里的人家留下来的。天井小，而我偏贪多，这几种东西长大起来，必须彼此都不舒服。我说笑话，我安排下一个"物竞"的场所，任它们去争取"天择"吧。那棵绿梅花蕾很多，明后天就会有两三朵开了。

过 节

逢到节令，我们遵照老例祭祖先。苏州人把祭祖先特称为"过节"。别地方人买一些酒菜，大家在节日吃喝一顿，叫作"过节"，苏州人对于这两个字似乎没有这样用法。

过节以前，母亲早已把纸锭折好了。纸锭的原料是锡箔，是绍兴地方的特产。前几年我到绍兴，在一个土山上小立，只听得密集的市屋间传出"达达"的声音，互相应答，就是在那里打锡箔。

我家过节共有三桌。上海弄堂房子地方狭窄，三桌没法同时祭，只得先来两桌，再来一桌。方桌子仅有一只，只得用小圆桌凑数。本来是三面设座位的，因为椅子不够，就改为只设一面。杯筷碗碟拿不出整齐的全套，就取杂色的来应用。蜡盏弯了头。香炉里香灰都没有，只好把三支香搁在炉口就算。总之，一切都马虎得很。好在母亲并不拘于成规，对于这一切马虎不曾表示过不满。但是我知道，如果就此废止过节，一定会引起她的不快。所以我从没有说起废止过节。

供了香，斟了酒，接着就是拜跪。平时太少运动了，才过四十岁，膝关节已经硬化，跪下去只觉得僵僵的，此外别无所思。在满座的祖先中间，记忆得最真切的是父亲与叔父，因为他们最后过世。但是，我不能想象他们与十几位祖先挤坐在两把椅子上举杯喝酒举筷吃菜的情状。又有一个十一岁上过世的妹妹，今年该三十八了，母亲每次给她特设一盘水果，我也不能想象她剥橘皮吐桃核的情状。

从前父亲叔父在日，他们的拜跪就不相同。容貌显得很肃穆，一跪三叩之后，又轻轻叩头至数十回，好像在那里默祷，然后站起来，恭敬地离开拜位。所谓"祭如在""临事而敬"，他们是从小就成为习惯了的。新教育的推行与时代的转变把古传的精灵信仰打破，把儒家的报本返始的观念看得并没有什么了不起。于是"如在"既"如"不起来，"临事"自不能装模作样地虚"敬"，只成为一种毫无意义的例行故事。这原是必然的。

几个孩子有时跟着我拜，有时说不高兴拜，也就让他们去。焚化纸锭却是他们欢喜干的事。在一个搪瓷面盆里慢慢地把纸锭加进去，看它们被火焰吞食，一会儿变成白色的灰烬，仿佛有冬天拨弄炭火盆那种情味。孩子们所知道的过节，第一，自然是吃饭时有较好较多的菜；第二，这是家庭里的特种游戏，一年内总得表演几回的。至于祖先会扶老携幼到来，分着左昭右穆坐定，吃喝一顿之后，又带着钱钞回去，这在孩子是没法想象的，好比我不能想象父亲叔父会到来参加这家族的宴飨一样。从这一点想，虽然逢时过节，对于孩子大概不至于有害吧。

书　桌

十多年前寄居乡下的时候，曾经托一个老木匠做一张书桌。我并不认识这个老木匠，向当地人打听，大家一致推荐他，我就找他。

对于木材，我没有成见，式样也随便，我只要有一张可以靠着写写字的桌子罢了。他代我做主——用梧桐，因为他那里有一段梧桐，已经藏了好几年，干了。他又代我规定桌子的式样。两旁边的抽屉要多高，要不然装不下比较累赘的东西。右边只需做一只抽屉，抽屉下面该是一个柜子，安置些重要的东西，既稳当，取携又方便。左右两边里侧的板距离要宽些，要不然，两个膝盖时时触着两边的板，就感觉局促，不舒服。我样样依从了他，当时言明工料价六块钱。

过了一个星期，过了半个月，过了二十多天，不见他把新书桌送来。我再不能等待了，特地跑去问他。他指着靠在阴暗的屋角里的一排木板，说这些就是我那新书桌的材料。我不免疑怪，二十多天工夫，只把一段木头解了开来！

　　他看出我的疑怪，就用教师般的神情给我开导。说整段木头虽然干了，解了开来，里面还未免有点儿潮。如果马上拿来做家伙，不久就会出毛病，或是裂一道缝，或是接榫（sǔn）处松了。人家说起来，这是某某做的"生活"，这么脆弱不经用。他向来不做这种"生活"，也向来没有受过这种指摘。现在这些木板，要等它干透了，才好动手做书桌。

　　他恐怕我不相信，又举出当地的一些人家来，某家新造花厅，添置桌椅，某家小姐出阁准备嫁妆，木料解了开来，都搁在那里等待半年八个月再上手呢。"先生，你要是有工夫，不妨到他们家里去看看，我做的家伙是不容它出毛病的。"他说到"我做的家伙"，黄浊的眼睛放射出夸耀的光芒，宛如文人朗诵他得意作品时候的模样。

　　我知道催他快做是无效的，好在我并不着急，也就没说什么催促的话。又过了一个月，我走过他门前，顺便进去看看。一张新书桌站在墙边了，近乎乳白色的板面显出几条年轮的痕迹。老木匠正弯着腰，几个手指头抵着一张"沙皮"，在摩擦那安抽屉的长方孔的边缘。

　　我说，再过一个星期大概可以交货了吧？他望望屋外的天，又看看屋内高低不平的泥地，摇头说："不行。这样干燥的天气，怎么能上漆呢？要待转了东南风，天气潮湿了，上漆才容易干，才可以透入木头的骨子里去，不会脱落。"

此后下了五六天的雨。乡下的屋子，室内铺着方砖，每一块都渗出水来，像劳工背上淌着汗。无论什么东西，手触上去总觉得黏黏的。穿在身上的衣服也散发出霉气。我想，我的新书桌该在上漆了吧。

又过了十多天，老木匠带同他的徒弟把新书桌抬来了。栗壳色，油油的，发着亮光，一些陈旧的家具有它一比更见得黯淡失色了。老木匠问明了我，就跟徒弟把书桌安放在我指定的位置。只恐徒弟不当心，让桌子跟什么东西碰撞，因而擦掉一点儿漆或是划上一道纹路，他连声发出"小心呀""小心呀"的警告。直到安放停当了，他才松爽地透透气，站远一点儿，用一只手摸着长着灰色短须的下巴，悠然地鉴赏他的新作品。我交给他六块钱，他随便看了一眼就握在手心里，眼光重又回到他的新作品上。最后他说："先生，你用用看，用了些时，你自然会相信我做的家伙是可以传子孙的。"他说到"我做的家伙"，夸耀的光芒又从他那黄浊的眼睛里放射出来了。

以后十年间，这张书桌一直跟着我迁徙。搬运夫粗疏的动作使书桌添上不少纹路，但是依旧很结实，接榫处没有一点儿动摇。直到"一·二八"战役，才给毁坏了。大概是日本军人刺刀的功绩。以为锁着的柜子里藏着什么不利于他们的东西，前面一刀，右侧一刀，把两块板都划破了。左边只有三只抽屉，都没有锁，原可以抽出来看看的。大概因为军情紧急吧，没有一只一只抽出来看的余裕，就把左侧的板也划破了，而且拆了下来，丢在一旁。

事后我去收拾残余的东西。看看这张相守十年的书桌，虽然像被残害的尸体一样，肚肠心肺都露出来了，可是还舍不得就此丢掉。于是请一个木匠来，托他修理。木匠说不用抬回去，下一天带了材料和家伙来修理就是了。

第二天下午，我放工回家，木匠已经来过，书桌已经修理好了。真是看了不由得生气的修理！三块木板刨也没刨平，边缘并不嵌入木框的槽里，只用几个一寸钉把木板钉在木框的外面。涂的是窑煤似的黑漆，深一搭、淡一搭，仿佛还没有刷完工的黑墙头。工料价已经领去，大洋一块半。

我开始厌恶这张书桌了。想起制造这张书桌的老木匠，他那种一丝不苟的态度，简直使缺少耐性的人受不住，然而他做成的家伙却是无可批评的。同样是木匠，现在这一个跟老木匠比起来，相差太远了。我托他修理，他就仅仅按照题目做文章，还我一个修理。木板破了，他给我钉上不破的。原来涂漆的，他也给我涂上些漆。这不是修理了吗？然而这张书桌不成一件家伙了。

同样的事在上海时时会碰到。从北京路那些木器店里买家具，往往在送到家里的时候就擦去了几处漆，划上了几条纹路。送货人有他的哲学。你买一张桌子，四把椅子，总之送给你一张桌子，四把椅子，绝不短少一件。擦去一点儿漆，划上几条纹路，算得什么呢！这种家具使用不久，又往往榫头脱出了，抽屉关不上了，叫你看着不舒服。你如果去向店家说话，店家又有他的哲学给你作答。这些家具在出门的时候都是好好的，总之他们没有把破烂的东西卖给你。至于出门以后的事，谁管得了！这可以叫作"出门不认货"主义。

又譬如冬季到了，你请一个洋铁匠来给你装火炉。火炉不能没有通气管子，通气管子不能没有支持的东西，他就横一根竖一根地引出铅丝去，钉在他认为着力的地方。"达，达，达"，一个钉子钉在窗框上。"达，达，达"，一个钉子钉在天花板上。"达，达，达"，一个钉子钉在墙壁上。可巧碰着了砖头，钉不进去，就换个地方再钉。然而一片粉刷已经掉了下来，墙壁上有了"伤疤"了。也许钉了几回都不成功，他就凿去砖头，嵌进去一块木头。这一回当然钉牢了，然而墙壁上的"伤疤"更难看了。等到他完工，你抬起头来看：横七竖八的铅丝好似被摧残的蜘蛛网，曲曲弯弯伸出去的洋铁管好似一条呆笨的大蛇，墙壁上散布的"伤疤"好像谁在屋子里乱放过一阵手枪。即使火炉的温暖能给你十二分舒适，看着这些，那舒适不免要打折扣了。但是你不能怪洋铁匠，他所做的并没有违反他的哲学。你不是托他装火炉吗？他依你的话把火炉装好了，还有什么好说呢？

倘若说乡下那个老木匠有道德，所以对工作不肯马虎，上海的工匠没有道德，所以只图拆烂污，出门不认货，不肯为使用器物的人着想，这未免是拘墟之见。我想那个老木匠，当他幼年当徒弟的时候，大概已经从师父那里受到熏陶，养成那种一丝不苟的态度了吧。而师父的师父也是这么一丝不苟的，从他的徒孙可以看到他的一点儿影像。他们所以这样，为的是当地只有这么些人家做他们永远的主顾，这些人家都是相信每一件家伙预备传子孙的，自然不能够潦潦草草对付过去。乡下地方又很少受时间的催迫。女儿还没订婚，嫁妆里的木器却已经在置办了。定做了一件家具，今天拿来使用跟下一个月拿来使用，似乎没有什么分别，甚至延到明年拿来使用也不见得怎样不方便。这又使他们尽可以耐着性儿等待木料的干燥和天气的潮湿。更因主顾有限，手头的工作从来不会拥挤到忙不过来。他们这样从从容容，细磨细琢，一半自然是做"生活"，一半也就是消闲寄兴的玩意儿。在这样情形之下做成的东西，固然无非靠此换饭吃，但是同时是自己精心结撰的制作，不能不对它发生珍惜爱护的心情。总而言之，是乡下的一切生活方式形成了老木匠的那种态度。

　　都市地方可不同了。都市地方的人口是流动的，同一手艺的作场到处都有，虽不能说没有老主顾，但像乡下那样世世代代请教某一家作场的老主顾却是很少的。一个工匠制造了一件家具，这件家具将归什么人使用，他无从知道。一个主顾跑来，买了一两件东西回去，或是招呼到他家里去为他做些工作，这个主顾会不会再来第二回，在工匠也无从预料。既然这样，工作潦草一点儿又何妨？而且，都市地方多的是不嫌工作潦草的人。每一件东西预备传子孙的观念，都市中人早已没有了（他们懂得一个顶扼要的办法，就是把钱传给子孙，传了钱等于什么都传下去了）。代替这个观念的是想要什么立刻有什么。住亭子间的人家新搬家，看看缺少一张半桌，跑出去一趟，一张半桌载在黄包车上带回来了，觉得很满意。住前楼的文人晚上写稿子，感到冬天的寒气有点儿受不住，立刻请个洋铁匠来，给装上个火炉。生起火炉来写稿子，似乎文思旺盛得多。富翁见人家都添置了摩登家具，看看自己家里还一件也没有，相形之下不免寒碜，一个电话打出去，一套摩登家具送来了。陈设停当之后，非常高兴，马上打电话招一些朋友来叙叙。年轻的小姐被邀请去当女傧相了，非有一身"剪刀口里"的新装不可。跑到服装公司里，一阵的挑选和叮嘱，质料要时髦，缝制要迅速。临到当女傧相的时刻，心里又骄傲又欢喜，仿佛满堂宾客的眼光一致放弃了新娘而集中在她一个人身上似的。当然，"想要什么"而不能"立刻有什么"的人居大多数，为的是钱不凑手。现在单说那些想要什么立刻有什么的，他们的满足似乎只在"立刻有什么"上。要来的东西是否坚固结实，能够用得比较长久，他们是不问的。总之，他们都是不嫌工作潦草的人。主顾的心理如此，工匠又何苦一定要一丝不苟？都市地方有一些大厂家，设着验工的部分，检查所有的出品，把不合格的剔出来，不让它跟标准出品混在一起，因而他们的出品为要求形质并重的人所喜爱。但是这种办法是厂主为要维持他那"牌子"的信用而想出来的，在工人却是一种麻烦。如果手制的货品被认为不合格，就有罚工钱甚至停工的灾难。现在工厂里的工人再也不会把手制的货品看作艺术品了。他们只知道货品是玩弄他们生命的怪物，必须服侍了它才有饭吃，可是无论如何也吃不饱。工人的这种态度和观念，也是都市地方的一切生活方式形成的。

近年来，乡下地方正在急剧地转变，那个老木匠的徒弟大概要跟他的师父以及师父的师父分道扬镳了。

我坐了木船

从重庆到汉口，我坐了木船。

木船危险，当然知道。一路上数不尽的滩，礁石随处都是。要出事，随时可以出。还有盗匪——实在是最可怜的同胞，他们种地没得吃，有力气没处出卖，当了兵经常饿肚子，没奈何只好出此下策。假如遇见了，把铺盖或者身上衣服带了去，也是异常难处的事儿。

但是，回转来想，从前没有轮船，没有飞机，历来走川江的人都坐木船。就是如今，上上下下的还有许多人在那里坐木船，如果统计起来，人数该比坐轮船坐飞机的多得多。人家可以坐，我就不能坐吗？我又不比人家高贵。至于危险，不考虑也罢。轮船飞机就不危险吗？安步当车似乎最稳妥了，可是人家屋檐边也可能掉下一片瓦来。要绝对避免危险就莫要做人。

要坐轮船坐飞机，自然也有办法。只要往各方去请托，找关系，或者干脆买张黑票。先说黑票，且不谈付出超过定额的钱，力有不及，心有不甘，单单一个"黑"字，就叫你不愿领教。"黑"字表示作弊，表示越出常轨，你买黑票，无异帮同作弊，赞助越出常轨。一个人既不能独个儿转移风气，也该在消极方面有所自守，帮同作弊，赞助越出常轨的事儿，总可以免了吧。——这自然是书生之见，不值通达的人一笑。

再说请托找关系，听人家说他们的经验，简直与谋差使一样的麻烦。在传达室恭候，在会客室恭候，幸而见了那要见的人，他听说你要设法买船票或飞机票，爱理不理地答复你说："困难呢……下个星期再来打听吧……"于是你觉着好像有一线希望，又好像毫无把握，只得挨到下个星期再去。跑了不知多少回，总算有眉目了，又得往这一处签字，那一处盖章，看种种的脸色，候种种的传唤，为的是得一份充分的证据，可以去换一张票子。票子到手，身份可改变了，什么机关的部属，什么长的秘书，什么人的本人或是父亲，或者姓名仍旧，或者必须改名换姓，总之要与你自己暂时脱离关系。最有味的是冒充什么部的士兵，非但改名换姓，还得穿上灰布棉军服，腰间束一条皮带。我听了这些，就死了请托找关系的念头。即使饿得要死，也不定要去奉承颜色谋差使，为了一张票子去求教人家，不说我自己犯不着，人家也太费心了。重庆的路又那么难走，公共汽车站排队往往等上一个半个钟头，天天为了票子去奔跑实在吃不消。再说与自己暂时脱离关系，换上别人的身份，虽然人家不大爱惜名器，我可不愿滥用那些名器。我不是部属，不是秘书，不是某人，不是某人的父亲，我是我。我毫无成就，样样不长进，我可不愿与任何人易地而处，无论长期或是暂时。为了跑一趟路，必须易地而处，在我总觉得像被剥夺了什么似的，至于穿灰布棉军服更为难了，为了跑一趟路才穿上那套衣服，岂不亵渎了那套衣服？亵渎的人固然不少，我可总觉不忍。——这一套又是书生之见。

抱着书生之见，我决定坐木船。木船比不上轮船，更比不上飞机，千真万确。可是绝对不用请托，绝对不用找关系，也无所谓黑票。你要船，找运输行。或者自己到码头上去找。找着了，言明价钱，多少钱坐到汉口，每一块钱花得明明白白。在这一点上，我觉得木船好极了，我可以不说一句讨情的话，不看一副难看的嘴脸，堂堂正正凭我的身份东归。这是大多数坐轮船坐飞机的朋友办不到的，我可有这种骄傲。

决定了之后，有两位朋友特地来劝阻。一位从李家沱，一位从柏溪，不怕水程跋涉，为的是关爱我，瞧得起我。他们说了种种理由，设想了种种可能的障碍，结末说，还是再考虑一下的好。我真感激他们，当然不敢说不必再考虑，只好带玩笑地说，"吉人天相"，安慰他们的激动的心情。现在，他们接到我平安到达的消息，他们也真的安慰了。

牵牛花

手种牵牛花，接连有三四年了。水门汀地没法下种，种在十来个瓦盆里。泥是今年又明年反复用着的，无从取得新的泥来加入。曾与铁路轨道旁边种地的那个北方人商量，愿出钱向他买一点儿，他不肯。

从城隍庙的花店里买了一包过磷酸骨粉，掺和在每一盆泥里，这算代替了新泥。

瓦盆排列在墙脚，从墙头垂下十条麻线，每两条距离七八寸，让牵牛的藤蔓缠绕上去。这是今年的新计划，往年是把瓦盆摆在三尺光景高的木架子上的。这样，藤蔓很容易爬到墙头。随后长出来的互相纠缠着，因自身的重量倒垂下来，但末梢的嫩条便又蛇头一般仰起：向上伸，与别组的嫩条纠缠，待不胜重量时重演那老把戏。因此墙头往往堆积着繁密的叶和花，与墙腰的部分不相称。今年从墙脚爬起，沿墙多了三尺光景的路程，或者会好一点儿。而且，这就将有一垛完全是叶和花的墙。

藤蔓从两瓣叶子中间引伸出来以后，不到一个月工夫，爬得最快的几株将要齐墙头了。每一个叶柄处生一个花蕾，像谷粒那么大，便转黄萎去。据几年来的经验，知道起头的一批花蕾是开不出来的；到后来发育更见旺盛，新的叶蔓比近根部的肥大，那时的花蕾才开得成。

今年的叶格外绿，绿得鲜明；又格外厚，仿佛丝绒剪成的。这自然是过磷酸骨粉的功效。他日花开，可以推知将比往年的盛大。

但兴趣并不专在看花，种了这小东西，庭中就成为系人心情的所在，早上才起，工毕回来，不觉总要在那里小立一会儿。那藤蔓缠着麻线卷上去，嫩绿的头看似静止的，并不动弹，实际却无时不回旋向上，在先朝这边，停一歇再看，它便朝那边了。前一晚只是绿豆般大一粒嫩头，早起看时，便已透出二三寸长的新条，缀一两张长满细白绒毛的小叶子，叶柄处是仅能辨认形状的小花蕾，而末梢又有了绿豆般大一粒嫩头。有时认着墙上的斑驳痕想，明天未必便爬到那里吧；但出乎意外，明晨竟爬到了斑驳痕之上。好努力的一夜工夫！"生之力"不可得见；在这样小立静观的当儿，却默契了"生之力"了。渐渐地，浑忘意想，复何言说，只呆对着这一墙绿叶。

即使没有花，兴趣未尝短少；何况他日开花，将比往年盛大呢。

燕 子

燕子，如果拿在手里看，不是很漂亮的鸟。它飞行的时候却漂亮极了，那一对狭长的翅膀，那分叉的尾巴，都像由最高明的画家画出来的，没有一个姿势不美。

它有那样活泼的翅膀和尾巴，又有一对非常敏锐的眼睛。它的项颈短到几乎没有了，一张极大的嘴老是张开着，只等食物自己投进去。它就是这样飞着吃，飞着喝，飞着洗浴，飞着喂它的儿女。

虽不像鹰那样能从空中直扑下来，燕子飞行却更为自由。它能旋转，旋转，旋转不知多少个圈子，路线不停地变化。谁要想捉住它，被它这样旋转又旋转，早就弄糊涂了；最后筋疲力尽了，只好放弃了它。然而它好像还没有一点疲倦。靠着这种无比的技术和能力，它很容易猎取那老是飞着的东西，像苍蝇、蚊子、甲虫和其他的昆虫。

燕子的脚极细小。如果停在什么地方，就得用细小的脚去抓住，把肚皮贴着那个地方。这是费力的事，而且很不自由，这种时候它还不如一只笨重的鸭子。所以它难得停下来。它和其他动物正相反：其他动物休息时停止了活动；唯有它，不停地飞才是它的休息。

　　燕子把它的窠做在高处，也为着飞起来方便。高处的窠是最适当的出发点。它从那里像箭一般射出来，在广大的空中要怎样就怎样，何等自由，何等舒适。如果把窠做在低处，就没有这样方便了。因为要跳起来飞，在它是很难的。

夏天的雨后

　　逢到夏天，我们都欢迎下雨。只等雨点一停，我们就跑到院子里去，或者外面的低洼处去。刚下的雨水并不凉，赤着脚踏在里边，皮肤上会有一种快感。彼此高兴地践踏着，你溅了我一身，我溅了你一脸。偶然失脚滑倒了，沾了满身的泥，引得旁人一阵哄笑。然而很少因此退缩的，更没有人哭了，多数是越跌越起劲，甚至故意滑倒惹旁人笑。

　　拾蝉、捉青蛙也是雨后有味的事情。蝉经了雨，被冲到地上，伏在草丛里不能飞，很容易拾到。拾了几只回来，放在篾丝笼里，可以随时听它们叫。青蛙平时难得到岸上来，雨后大概因为快活的缘故，多数蹲在草丛中呱呱地叫着。它们非常机警，跳跃也极灵活，一听见声响就急忙跳进水里。得轻轻地走近去，眼快手准，出其不意地把它抓住。有时脚踏不稳，被苔滑倒，沾了一身泥水，等爬起来，青蛙早就溜走了。

　　雨后钓鱼，那就更有趣了。镜子一样平的河水澄清碧绿，有时起一些细碎的波纹。杨柳的枝条倒挂下来拂着河面，点点的水珠时时从树上落下。鸟儿唱着轻快的歌。水草散出一种清爽的气息。我们一面下钩，一面欣赏这种画境，快活得说不出来。我们对于钓鱼并不在行。有时看见浮子动了，急忙提起，却一无所有。有时提起得迟了，被鱼儿白吃了饵去。有时鱼儿已经上了钩，却因提起的方法不对，又重落在河里。然而有时也会钓到很大的鱼，我们就唱着喊着跑回家。

此外还可以采菌。那就非在久雨之后不可了，因为菌类要经过多日的阴雨，才会长出来。每逢久雨初停，村里常常有许多人到野外去采菌。于是我们也戴着草帽，提着竹篮，高高兴兴地跑到田里。不多一会儿工夫，就采满了一篮。回家来炒着吃，或者做汤、下面，味道都是很好的。所以每逢连着下雨，我们就知道有一顿很好的午餐或者晚餐在等着我们了。

浙江潮

我们从杭州乘汽车出发，行驶一个半钟头，经过海宁城，到了八堡。这段路程共五十四公里。时间正是十二点三十分，潮还没有来。江岸上看潮的人却已经聚得很多，男女老少都有；各种色彩、各种式样的服装，在晴明的阳光中显得鲜艳悦目。前面是缓缓流动的一江水。

我们沿着石塘走。看浙江省政府所立的石碑，知道这叫作"溪伊斜坡石塘"，是一九三〇年七月完工的。溪伊大概是这里原来的村名，现在称八堡，因为从杭州起划分沿海区域，到这里是第八段。石塘呈"凹"字形，为的是减轻浪潮的冲击力。据说以前这里的旧塘曾被大潮冲坏，淹没了不少田地和房屋。

十二点四十五分，忽然听得隆隆的声音，好像很远的地方有个工厂正开动着机器。"来了！来了！"塘上的人一齐伸长了脖子向远望。只见水天相接的地方涌起一条白线，江水却还是缓缓地流动。然而一转眼间，那声音就变得非常强大，轰轰地布满空间，使人屏住呼吸不敢作声。潮头已在前面不远的地方了，仿佛兵士排着队，穿着雪白的服装，滚滚地直向石塘扑来。这是南潮，潮头四五公尺①高。同时东面又突起一个潮头，像一大纵队的兵士急奔直进，和南潮正交，成"丁"字形。互相冲击的结果，潮头涌起得更高了。声音也更大，好像地球上立刻会有什么大变动到来似的。

南潮先到岸，用巨大的力量横拍石塘；浪花直溅，像积着雪的树，像美丽的小冰山。江面完全皱了，颜色转暗，白泡沫急速地跳荡着。东潮紧跟在南潮的后头，高达七八公尺，忽起忽落，像千万骑兵冲锋奔来，斜掠着塘角。东南两潮这样冲撞着，攻击塘岸，共有十多次，才一齐向上游涌去。明明就是这一江水，然而和先前大不相同了。它奔腾，它呼号，气势可以吞没一切，谁还记得它缓缓流动的旧面目。

我们看出了神，大家都没有话说，只有兴奋的眼光互相看了一眼，仿佛说："这就是浙江潮呀！"

---

① 公尺：公制长度单位，米的旧称。

三棵银杏树

我家屋后有一片空地，十丈见方的开阔，前边、右边沿着河，左边是人家的墙。三棵银杏树站在那里。一棵靠着右边，把影子投到河里。两棵在中央，并着肩，手牵着手似的，像两个亲密的朋友。

三棵银杏树多少年纪了，没有人能够知道。我父亲说，他小时候，树就有这么高大了，经过了三十年的岁月，似乎还是这么高大。

三棵树的正干都很直，枝干也是直的多，偶然有几支屈曲得很古怪，像画幅上画的。每年冬天，赤裸的枝干上生出无数的小粒。这些小粒渐渐长大，最后像牛、羊的奶头。

到了春天，绿叶从奶头似的部分伸展出来。我们欢喜地说道："银杏树又穿上新衣裳了！"空地上有了这广大的绿荫，正是游戏的好场所。我们便在那里赛跑，唱歌，扮演狩猎的戏剧。经过的船只往往在右边那一棵的树荫下停泊，摇船的趁此吸一管烟或者煮一锅饭。这时候，一缕缕烟便袅起来了。

银杏树的花太小了，很容易被人忽略。去年秋天，我一边拾银杏果，一边问父亲道："为什么银杏树不开花的？"父亲笑着说："不开花哪里来的果？待来春留心看吧。"今年春天，我看见了银杏的花了，那是很可爱的、白里带点儿淡黄的小花。

说起银杏果，不由得想起街头"烫手炉，热白果"的叫卖声来。白果是银杏的核，炒过一下，剥了壳，去了衣，便是绿玉一般的一颗仁，虽然并不甜，却有一种特别的清味。这东西我们都喜欢吃。

秋风阵阵地吹，折扇形的黄叶落得满地。风把地上的黄叶吹起来；我们拍手叫道："一群黄蝴蝶飞起来了！"待黄叶落尽，三棵老树又赤裸了。弯曲得很古怪的枝干上偶然有一两只鹰停在那里，好久好久不动一动，衬着天空的背景，正像一幅古画。

游了三个湖

　　这回到南方去，游了三个湖。在南京，游玄武湖，到了无锡，当然要望望太湖，到了杭州，不用说，四天的盘桓离不了西湖。我跟这三个湖都不是初相识，跟西湖尤其熟，可是这回只是浮光掠影地看看，写不成名副其实的游记，只能随便谈一点儿。

　　首先要说的，玄武湖和西湖都疏浚了。西湖的疏浚工程，做的五年的计划，今年四月初开头，听说要争取三年完成，每天挖泥船轧轧轧地响着，连在链条上的兜儿一兜兜地把长年沉在湖底里的黑泥挖起来。玄武湖要疏浚，为的是恢复湖面的面积，湖面原先让淤泥和湖草占去太多了。湖面宽了，游人划船才觉得舒畅，望出去心里也开朗。又可以增多渔产。湖水宽广，鱼自然长得多了。西湖要疏浚，主要为的是调节杭州城的气候。杭州城到夏天，热得相当厉害，西湖的水深了，多蓄一点儿热，岸上就可以少热一点儿。这些个都是顾到居民的利益。顾到居民的利益，在从前，哪儿有这回事？只有现在的政权，人民自己的政权，才当作头等重要的事儿，在不妨碍国家社会主义工业化的前提之下，非尽可能来办不可。听说，玄武湖平均挖深半公尺以上，西湖准备平均挖深一公尺。

其次要说的，三个湖上都建立了疗养院——工人疗养院或者机关干部疗养院。玄武湖的翠洲有一所工人疗养院，太湖、西湖边上到底有几所疗养院，我也说不清。我只访问了太湖边中犊山的工人疗养院。在从前，卖力气淌汗水的工人哪有疗养的份儿？害了病还不是咬紧牙关带病做活，直到真个挣扎不了，跟工作、生命一齐分手。至于休养，那更是做梦也想不到的事儿，休养等于放下手里的活闲着，放下手里的活闲着，不是连吃不饱肚子的一口饭也没有着落了吗？只有现在这时代，人民当了家，知道珍爱创造种种财富的伙伴，才要他们疗养，而且在风景挺好、气候挺适宜的所在给他们建立疗养院。以前人有句诗道："天下名山僧占多"。咱们可以套用这一句的意思说，目前虽然还没做到，往后一定会做到，凡是风景挺好、气候挺适宜的所在，疗养院全得占。僧占名山该不该，固然是个问题，疗养院占好所在，那可绝对地该。

又其次要说的，在这三个湖边上走走，到处都显得整洁。花草栽得整齐，树木经过修剪，大道小道全扫得干干净净，在最容易忽略的犄角里或者屋背后也没有一点儿垃圾。这不只是三个湖边这样，可以说哪儿都一样。北京的中山公园、北海公园不是这样吗？撇开园林、风景区不说，咱们所到的地方虽然不一定栽花草，种树木，不是也都干干净净，叫你剥个橘子吃也不好意思把橘皮随便往地上扔吗？就一方面看，整洁是普遍现象，不足为奇。就另一方面看，可就大大值得注意。做到那样整洁绝不是少数几个人的事儿。固然，管事的人如栽花的，修树的，扫地的，他们的勤劳不能缺少，整洁是他们的功绩。可是，保持他们的功绩，不让他们的功绩一会儿改了样，那就大家有份，凡是在那里、到那里的人都有份。你栽得整齐，我随便乱踩，不就改了样吗？你扫得干净，我嗑瓜子乱吐瓜子皮，不就改了样吗？必须大家不那么乱来，才能保持经常的整洁。新中国成立以来属于移风易俗的事项不少，我想，这该是其中的一项。回想过去时代，凡是游览地方、公共场所，往往一片凌乱，一团肮脏，那种情形永远过去了，咱们从"爱护公共财物"的公德出发，已经养成了到哪儿都保持整洁的习惯。

现在谈谈这回游览的印象。

出玄武门，走了一段堤岸，在岸左边上小划子。那是上午九点光景，一带城墙受着晴光，在湖面和蓝天之间划一道界限。我忽然想起四十多年前头一次游西湖，那时候杭州靠西湖的城墙还没拆，在西湖里朝东看，正像在玄武湖里朝西看一样，一带城墙分开湖和天。当初筑城墙当然为的防御，可是就靠城的湖来说，城墙好比园林里的回廊，起掩蔽的作用。回廊那一边的种种好景致，亭台楼馆，花坞假山，游人全看过了，从回廊的月洞门走出来，瞧见前面别有一番境界，禁不住喊一声"妙"，游兴益发旺盛起来。再就回廊这一边说，把这一边、那一边的景致合在一块儿看也许太繁复了，有一道回廊隔着，让一部分景致留在想象之中，才见得繁简适当，可以从容应接。这是园林里修回廊的妙用。湖边的城墙几乎跟回廊完全相仿。所以西湖边的城墙要是不拆，游人无论从湖上看东岸或是从城里出来看湖上，就会感觉另外一种味道，跟现在感觉的大不相同。我也不是说西湖边的城墙拆坏了。湖滨并排着第一公园至第六公园，公园东面隔着马路，是一带相当齐整的市房，这看起来虽然繁复些儿，可是照构图的道理说，还成个整体，不致流于琐碎，因而并不伤美。再说，成个整体也就起回廊的作用。然而玄武湖边的城墙，要是有人主张把它拆了，我就不赞成。不知道为什么，我总觉得那城墙的线条，那城墙的色泽，跟玄武湖的湖光、紫金山复舟山的山色配合在一起，非常调和，看来挺舒服，换个样儿就不够味儿了。

这回望太湖，在无锡鼋（yuán）头渚，又在鼋头渚附近的湖面上打了个转，坐的小汽轮。鼋头渚在太湖的北边，是突出湖面的一些岩石，布置着曲径蹬道，回廊荷池，丛林花圃，亭榭楼馆，还有两座小小的僧院。整个鼋头渚就是个园林，可是比一般园林自然得多，何况又有浩渺无际的太湖做它的前景。在沿湖的石上坐下，听湖波拍岸，挺单调，可是有韵律，仿佛觉得这就是所谓静趣。南望马迹山，只像山水画上用不太淡的墨水涂上的一抹。我小时候，苏州城里卖芋头的往往喊"马迹山芋艿"。抗日战争时期，马迹山是游击队的根据地。向来说太湖七十二峰，据说实际不止此数。多数山峰比马迹山更淡，像是画家蘸着淡墨水在纸面上带这么一笔而已。至于我从前到过的满山果园的东山，石势雄奇的西山，都在湖的南半部，全不见一丝影儿。太湖上渔民很多，可是湖面太宽阔了，渔船并不多见，只见鼋头渚的左前方停着五六只。风轻轻地吹动桅杆上的绳索，此外别无动静。大概这不是适宜打渔的时候。太阳渐渐升高，照得湖面一片银亮。碧蓝的天空中飘着几朵若有若无的薄云。要是天气不好，风急浪涌，就会是一幅完全不同的景色。从前人描写洞庭湖、鄱阳湖，往往就不同的气候、时令着笔，反映出外界现象跟主观情绪的关系。画家也一样，风雨晦明，云霞出没，都要研究那光和影的变化，凭画笔描绘下来，从这里头就表达出自己的情感。在太湖边作较长时期的流连，即使不写什么文章，不画什么画，精神上一定会得到若干无形的补益。可惜我来也匆匆，去也匆匆，只能有两三个钟头的勾留。

刚看过太湖，再来看西湖，就有这么个感觉——西湖不免小了些儿，什么东西都挨得近了些儿。从这一边看那一边，岸滩，房屋，林木，全都清清楚楚，没有太湖那种开阔浩渺的感觉。除了湖东岸没有山，三面的山全像是直站到湖边，又没有衬托在背后的远山。于是来了个总的印象：西湖仿佛是盆景。换句话说，有点儿小摆设的味道。这不是给西湖下贬词，只是直说这回的感觉罢了。而且盆景也不坏，只要布局得宜。再说，从稍微远一点儿的地点看全局，才觉得像个盆景，要是身在湖上或是湖边的某一个所在，咱们就成了盆景里的小泥人儿，也就没有像个盆景的感觉了。

湖上那些旧游之地都去看看，像学生温习旧课似的。最感觉舒坦的是苏堤。堤岸正在加宽，拿挖起来的泥壅一点儿在那儿，巩固沿岸的树根。树栽成四行，每边两行，是柳树、槐树、法国梧桐之类，中间一条宽阔的马路。妙在四行树接叶交柯，把苏堤笼成一条绿荫掩盖的巷子，掩盖而绝不叫人觉得气闷。外湖和里湖从错落有致的枝叶间望去，似乎时时在变换样儿。在这条绿荫的巷子里骑自行车该是一种愉快。散步当然也挺适合，不论是独个儿、少数几个人还是成群结队。以前好多回经过苏堤，似乎都不如这一回，这一回之所以觉得好，就在树补齐了而且长大了。

灵隐也去了。四十多年前头一回到灵隐就觉得那里可爱，以后每到一回杭州总得去灵隐，一直保持着对那里的好感。一进山门就望见对面的飞来峰，走到峰下向右拐弯，通过春淙亭，佳境就在眼前展开。左边是飞来峰的侧面，不说那些就山石雕成的佛像，就连那山石的凹凸、俯仰、向背，也似乎全是名手雕出来的。石缝里长出些高高矮矮的树木，苍翠，茂密，姿态不一，又给山石添上点缀。沿峰脚是一道泉流，从西往东，水大时候急急忙忙，水小时候从从容容，泉声就有宏细疾徐的分别。道跟泉流平行。道左边先是壑雷亭，后是冷泉亭，在亭子里坐，抬头可看飞来峰，低头可以看冷泉。道右边是灵隐寺的围墙，淡黄颜色。道上多的是大树，又大又高，说"参天"当然嫌夸张，可真做到了"荫天蔽日"。暑天到那里，不用说，顿觉清凉，就是旁的时候去，也会感觉"身在画图中"，自己跟周围的环境融和一气，挺心旷神怡的。灵隐的可爱，我以为就在这个地方。道上走走，亭子里坐坐，看看山石，听听泉声，够了，享受了灵隐了。寺里头去不去，那倒无关紧要。

　　这回在灵隐道上大树下走，又想起常常想起的那个意思。我想，无论什么地方，尤其在风景区，高大的树是宝贝。除了地理学、卫生学方面的好处而外，高大的树又是观赏的对象，引起人们的喜悦不比一丛牡丹、一池荷花差，有时还要胜过几分。树冠和枝干的姿态，这些姿态所表现的性格，往往很耐人寻味。辨出意味来的时候，咱们或者说它"如画"，或者说它"入画"，这等于说它差不多是美术家的创作。高大的树不一定都"如画""入画"，可是可以修剪，从审美观点来斟酌。一般大树不比那些灌木和果树，经过人工修剪的不多，风吹断了枝，虫蛀坏了干，倒是常有的事，那是自然的修剪，未必合乎审美观点。我的意思，风景区的大树得请美术家鉴定，哪些不用修剪，哪些应该修剪。凡是应该修剪的，动手的时候要遵从美术家的指点，唯有美术家才能就树的本身看，就树跟环境的照应配合看，决定怎么样叫它"如画""入画"。我把这个意思写在这里，希望风景区的管理机关考虑，也希望美术家注意。我总觉得美术家为满足人民文化生活的要求，不但要在画幅上用功，还得扩大范围，对生活环境的布置安排也费一份心思，加入一份劳力，让环境跟画幅上的创作同样地美——这里说的修剪大树就是其中一个项目。

黄山三天

　　我游黄山只有三天，真用得上"窥豹一斑"那个成语。可是我还是要写这篇简略的游记，目的在劝人家去游。有心研究植物的可以去。我虽然说不清楚，可是知道植物种类一定很多。山高将近两千公尺，从下层到最高处该可以把植物分成几个主要的族类来研究。研究地质矿石的也可以去。谁要是喜欢爬山翻岭，锻炼体力和意志，那么黄山真是个理想的地方。那么多的山峰尽够你爬的，有几处相当险，需要你付出十二分的小心，满身的大汗。可是你也随时得到回报，站在一个新的地点，先前见过的那些山峰又有新的姿态了。就说不为以上说的那些目的，光到那里去看看大自然，山啊，云啊，树木啊，流泉啊，也可以开开眼界，宽宽胸襟，未尝没有好处。

　　从杭州依杭徽公路到黄山大约三百公里。公共汽车可以到黄山南边脚下的汤口，小包车可以再上去一点儿，到温泉。温泉那里有旅馆。山上靠北边的狮子林那里也有旅馆。山上中部偏南的文殊院原来可以留宿，1952年烧毁了，现在就文殊院原址建筑旅馆，年内可以完工。住狮子林便于游黄山的北部和西部，住文殊院便于游中部，主要是天都峰和莲花峰。

上山下山的路上全都铺石级，宽的五六尺，窄的不到三尺。路在裸露的大石上通过，就凿石成级。大石面要是斜度大，凿成的石级就非常陡，旁边或者装一道石栏或者拦一条铁索。山泉时时渗出，石上潮湿，路旁边又往往是直下绝壁，这样的防备是必要的。

现在略说一说我们所到的几处地方。写游记最难叫读者弄清楚位置和方向，前啊，后啊，左啊，右啊，说上一大堆，读者还是捉摸不定。我想把它说清楚，恐怕未必真能办到。我们所到的地点，温泉最南，狮子林最北，这两处几乎正直。我们走的东路，先到温泉东边的苦竹溪，在那里上山。一路取西北方向，好比是直角三角形的一条弦，经过九龙瀑、云谷寺，最后到狮子林住宿，那里的高度大约一千七百公尺。这段路据说是三十多里。第二天下了一天的雨，旅馆楼窗外一片白茫茫，什么都看不见。台阶前几棵松树，有时只显出朦胧的影子，有时也完全看不见。偶尔开门，雾气就卷进屋来。当然没法游览了，只好守在小楼上听雨。第三天放晴，我们登了狮子林背面的清凉台，又登了狮子林偏东南的始信峰，然后大体上向南走，到了光明顶。在这两三个钟点内，我们饱看了"云海"。有些游客在山上守了好几天，要看"云海"，终于没看成，怏怏而下。我们不存一定要看到的想头，却碰巧看到了。在光明顶南望天都峰和莲花峰，天都在东，莲花在西，两峰之间就是文殊院。从前有人说天都最高，有人说莲花最高。据说最近实测，光明顶最高。那里正在建筑房屋，准备测量气象的人员在那里经常工作。我们绕过莲花峰的西半边到文殊院，又绕过天都峰的西南脚，一路而下，回到温泉。说绕过，可见这段路的方向时时改变，可是大体上还是向南。从狮子林曲折向南，回到温泉，据说也是三十多里。我们所到的只是黄山东半边靠南的部分，整个黄山究竟有多大，我没有参考什么图籍，说不上。

以下就前一节提到的分别记一点儿。

九龙瀑曲折而下，共九截，第二截最长。形式很有致，可惜瘦些。山泉大的时候，应该更可观。附带说一说人字瀑。人字瀑在温泉旅馆那儿。高处山泉流到大石壁的顶部，分为左右两道，沿着石壁的边缘泻下，约略像个人字。也嫌瘦，瘦了就减少了瀑布的意味。

云谷寺没有寺了，只留寺基。台阶前有一棵异萝松，说是树上长着两种不同形状的叶子。我们仔细察看，只见一枝上长着长圆形的小叶子，跟绝大部分的叶子不同。就绝大部分的叶子形状和翠绿色看来，那该是柏树，不知道为什么叫它松。年纪总有几百岁了。

清凉台和始信峰的顶部都是稍微向外突出的悬崖，下边是树木茂密的深壑。站脚处很窄，只能容七八个人，要不是有石栏杆，站在那儿不免要心慌。如果风力猛，恐怕也不容易站稳。文殊院前边的文殊台比较宽阔些，可是靠南突出的东西两块大石，顶部凿平，留着边缘作自然的栏杆，那地位更窄了，只能容两三个人。光明顶虽是黄山最高处，却比较开阔平坦，到那里就像在平地上走一样。

我们就在前边说的几处地方看"云海"。望出去全是云，大体上可以说铺平，可是分别开来看，这边荡漾着又细又缓的波纹，那边却涌起汹涌澎湃的浪头，千姿万态，尽够你做种种想象。所有的山全没在云底下，只有几座高峰露顶，作暗绿色，暗到几乎黑，那自然可以想象作海上的小岛。

在光明顶看天都峰和莲花峰，因为是平视，看得最清楚。就岩石的纹理看，用中国画的术语就是就岩石的皴法看，这两个峰显然不同。天都峰几乎全都是垂直线条，所有线条排得相当密，引起我们一种高耸挺拔的感觉。莲花峰的岩石大略成莲花瓣的形状，一瓣瓣堆叠得相当整齐。就整个峰看，我们想象到一朵初开的莲花。莲花峰这个名称不知道是谁给取的，居然形容得那么切当。

前边说我们绕过莲花峰的西半边到文殊院，这条路很不容易走。道上要经过鳌鱼背。鳌鱼背是巨大的岩石，中部高起，坡度相当大。凿在岩石上的石级又陡又窄，右手边望下去是绝壁。下了鳌鱼背穿过鳌鱼洞，那是个天然的洞，从前人修山路就从洞里通过去。出了洞还得爬上百步云梯，又是很陡很险的石级，这才到达文殊院。

从文殊院绕过天都峰的西南脚，这条路也不容易走。极窄的路介在石壁之间，石壁渗水，石级潮湿，立脚不稳就会滑倒。有几处石壁倾斜，跟对面的石壁构成个不完整的山洞，几乎碰着我们的头顶，我们就非弓着身子走不可。

走完了这段路，我们抬头望爬上天都峰的路，陡极了，大部分有铁链条作栏杆。我们本来不准备上去，望望也够了。据说将要到峰顶的时候有一段路叫鲫鱼背，那是很窄的一段山脊，只容一个人过，两边都没依傍，地势又那么高，心脏不强健的人是绝不敢过的。一阵雾气浮过，顶峰完全显露，我们望见了鲫鱼背，那里也有铁链条。我想，既然有铁链条，大概我也能过去。

我们也没上莲花峰。听说登莲花峰顶要穿过几个洞，像穿过藕孔似的。山峰既然比做莲花，山洞自然联想到藕孔了。

现在说一说温泉。我到过的温泉不多，只有福州、重庆、临潼几处。那几处都有硫黄味。黄山的温泉却没有。就温度说，比那几处都高些，可也并不热得叫人不敢下去。池子里小石粒铺底，起沙滤作用，因而水经常澄清。坐在池子里的石块上，全身浸在水里，只露出个脑袋，伸伸胳膊，擦擦胸脯，温热的感觉遍布全身，舒畅极了。这个温泉的温度据说自然能调节，天热的时候凉些，天凉的时候热些。我想这或许是由于人的感觉，泉水的温度跟大气的温度相比，就见得凉些热些了。这个猜想对不对，不敢断定。

我们在狮子林宿两宵，都盖两条被。听雨那一天留心看寒暑表，清早是华氏①六十度，后来升到六十二度。那一天是八月二十九日。三十一日回到杭州，西湖边是八十六度。黄山上半部每年三月底四月初还可能下雪，十一月间就让冰雪封了。最适宜上去游览的当然是夏季。

---

① 华氏：温度计量单位。

登雁塔

雁塔在西安城外东南面。那天上午十点，我们出西安南门往雁塔，远远望见好些正在兴修的建筑工程，木头构成的工作架跟林木相映衬。听说这些全是文教机关的房屋，西安南郊将来是个文化区。没打听究竟是哪些文教机关，单知道其中有个体育运动场，面积七百多亩，有田径赛场、各种球场、风雨操场、滑冰场、游泳池，可以容纳观众十万人以上——规模够大了。

在以往历史上，有没有一个时期像今天这样在全国范围内搞基础建设的。且不说工矿方面的基本建设，单说机关、学校、公共场所的兴修，修成之后将在那里办理人民的公务，培养少年、青年乃至成人，使他们具有堪以献身的精神体魄，像今天这样的情形在以往历史上有过没有？我不曾下功夫查考，可是我敢于断定不会有。我这个断定从以往社会的性质而来。那时候无非兴修些帝王的宫殿、公侯的宅第、贵介的别墅，或者地主富商修些房子自己住，租给人家收租钱，等于放高利贷，再就是勉强过得去的人家搭这么三间两间聊蔽风雨。除此而外，哪儿会有为了群众的利益招工动众，大规模地兴修房屋的？

这么想着，不觉雁塔早已在望。原地颇有高下，可是坡度极平缓，车行不敢颠簸。不多久就到了雁塔所在的慈恩寺门前。

进门一望，只觉景象跟一般寺院不大一样。殿宇亭台不怎么宏大，空地特别宽广，又有栽得很整齐的林木、蒙络荫翳的灌木丛、略有丘壑之势的小土丘，树荫之下立着好些个埋葬僧人的小石塔，形制古朴有致。这就成个园林的布置，佛殿只是整个园林的一个组成部分，不像杭州的灵隐寺那样，一进门只见回廊、大殿、经院、僧房，虽然并不逼仄，总叫人感觉不太舒畅。多数寺院都属于灵隐寺一派，'而这个慈恩寺仿佛一座园林，我说它跟一般寺院不大一样就在此。这寺院当然不是唐朝的旧观，可是眼前的这个布置尽够叫人满意了，何况单提慈恩寺这个名字就叫人发生历史的感情。这是玄奘法师翻译佛经的场所，寺里的雁塔是玄奘法师所倡修，玄奘法师那样艰苦卓绝地西行求法，那样绝对认真地搞翻译工作，永远是中国人的骄傲，永远是中国人的一种典范，与谁信佛法谁不信佛法并没关系。

台阶两旁立着好些题名碑，题名的是明清两朝乡试中举的人。唐朝有新进士雁塔题名的故事，后代人似乎非模仿一下不可，可是京城不在西安，新进士不会在西安会集，于是轮到新举人。写篇记，刻块碑，把名字附上，也算表示了他们的显荣和雅兴。看那些记文，说法都差不多。本来就是那么一回事，题材那么枯窘，有什么新鲜的意思好说的？我们不耐一一细看，我们登雁塔要紧。

雁塔在慈恩寺的后院。不知道实测究竟有多高，相传是三百尺，耸然立在那里。塔作方形，共七层，一层比一层缩进些，叫人起稳定之感。每层每面有个拱形的门框。最下一层的门框是进塔去的过道，东南西北四面都可以进去。从第二层起，四面门框全装栅栏，游人可以靠着栅栏眺望。我们从南面的拱门进去，走完过道，塔中心空无所有，只靠墙架着两架扶梯。扶梯作直角的曲折，几个曲折才到第二层。猜想所以架两架扶梯之故，一来是游人多的时候可以分散些，二来是最下一层地位宽，容得下两架扶梯，两架扶梯之外还大有回旋余地，你看，从第二层起就只一架扶梯了。

杜工部《同诸公登慈恩寺塔》诗中有"仰穿龙蛇窟，始出枝撑幽"的句子，写的正是从最下一层往上爬的印象。那里过道比较深，进去的光线不多，骤然走进去尤其觉得昏暗。于是杜老想象这么昏暗的所在该是龙蛇的窟穴吧。到了第二层，光线从四面而来，就觉得豁然开朗，出了"幽"境——"枝撑"指塔内的木材构筑。

第二层齐扶梯的顶铺地板，以上五层都一样。有了这地板，才可以走到拱门那里，爱望哪一面就往哪一面，又可以歇歇脚，透透气，再往上爬。要是没有这地板，扶梯接扶梯一直往上，且不说没法从从容容地眺望一番，开开眼界，就是从下朝上、从上朝下望望，那么一个又高又空的塔中心，那么些曲折不尽的扶梯，就够叫人目眩心惊腿软的了——地板稳定了游人的情绪，无论在哪一层，仿佛在一间楼房里似的。

同伴说我力弱，不必爬到第七层，爬这么两三层就可以了。我也想，如果要勉强而行——而且是过分地勉强，那当然不必。可是我升高一层歇一会儿，四面望望，再升高一层，虽然呼吸不怎么平静，心跳越来越强，两条腿越来越重，总还觉得支持得下，没有什么大不了，结果我居然爬上了第七层。可以说是勉强而行，然而不是过分地勉强。在某些场合——比游览重要得多的场合，只要意志坚强，有时候连过分地勉强也有所不避，勉强让意志给克服了，也无所谓勉强了。

在最高一层四望，因为天气浓阴，空中浮着云气，只觉一片混茫，正如杜老诗中所说的"俯视但一气"，南面既望不见终南山，朝西北望，贴近的西安城市也不太清楚。至于杜老所说的"七星在北户，河汉声西流"，那根本是想象，并非他登塔当时的实景。我们未尝不可以作同样的想象，这么想象就好像我们自身扩大了，其大无外的宇宙也不见得怎么大似的。

一层一层下去当然比上来容易，可是每下一层也得歇一歇，免得头昏眼花。出了最下一层的拱门，我们坐在台阶上休息。坐不久又不免站起来看看，原来拱门内过道的石壁上全是刻字，起初挤在游人丛中急于登塔，竟不曾留意。刻的大多是诗篇，各体的诗，各体的书法，各个朝代的年号，还有各个风雅的题壁人的名字。这且不说，单说一点。后代的题壁人见壁上早已刻满，再没空地位，就把自己的文字刻在前代人的题壁上，你小字，我大字，你细笔画，我粗笔画，总之，抹杀你的，光有我的。这样强占豪夺的风雅，未免风雅过分了。

最下一层四面拱门的门楣上都有石刻画，我以为最值得细看。刻的是佛故事，人物和背景全用细线条阴刻。依我外行人的见解，细线条的画最见功夫，你必须在空白的幅面上找到最适当最美妙的每一条线条的位置，丝毫游移不得，你的手腕又必须恰好地描出每一条线条，丝毫差错不得，太弱太强也不成。所以画家必须先在心目中创造完美的形象，又有得心应手的熟练技巧，才能够画成细线条的好作品。最近故宫博物院布置绘画馆，在第一陈列室的正中间挂一小幅敦煌发现的唐朝人的佛像图，全用细线条，我看了很中意。现在这门楣上的石刻画，可以说跟绘画馆的那一幅同一格调、同一造诣。雁塔经过几次重修，连层数也有所改动，建筑材料当然有所更换，可是一般相信底层没大动，门楣石该是唐朝的原物，石上的图画该是唐朝人的手笔。这就无怪乎跟敦煌保藏的唐画相类了。据梁思成先生《敦煌壁画中所见的古代建筑》那篇文章，西面门楣上的画以佛殿为背景，精确地画出柱、枋、斗拱、台基、橡檐、屋瓦以及两侧的回廊，是极其珍贵的建筑史料，可以窥见盛唐时代的建筑规模。

南面拱门两旁各陈列一块褚遂良写的碑。石壁凹陷进去，砌成龛形，碑立在里面，前面装栅栏，使游人可望而不可即。一块是唐太宗所撰的《大唐三藏圣教之序》，一块是唐高宗所撰的《大唐三藏圣教序记》——这块碑从左往右一行一行地写，有些特别，用意在跟前一块碑对称，成为"合欢式"。褚遂良的书法不用说，单说那碑石经历了一千四百年，文字还很完整，笔画还有锋棱，可见石质之坚致。西安好些石碑大都如此，大概用的"青石出自蓝田山"的青石吧。向来玩碑的无非揣摩书法，考证故实，注意到碑额、碑趺和碑旁的装饰雕刻是比较后起的事情。其实好些古碑的装饰雕刻尽有好作品，大可供研究雕刻艺术的人观摩。就是这两块褚碑，两边的蔓草图案工整而不板滞，已经很够味了。碑趺的天人舞乐的浮雕尤其可爱。那是浮雕而超乎浮雕，有些部分竟是凌空的立体。雕刻不怎么工细，可是人物的姿态极其生动，舞带回环，仿佛在那里飘动似的。两碑雕的都是一个舞蹈的在中间，奏乐的分在两边（一块上是奏管乐，一块上是奏弦乐），两两对称，显出图案的意味。碑额雕的什么，可恨我的记忆力太差，记不起了，只好不说。

曲江池在慈恩寺东面不远。曲江池这个名字在唐朝人的诗里见得很多，其地既然近在眼前，我们应当去看看。

一路上陂陀起伏，车时而上行，时而下行——所谓黄土平原原不像操场、运动场那样平。在比较高的地点眺望，只见四面地势高起，环抱着一块低洼地，田亩而外就是树林，虽然时令在秋季，浓阴笼罩着茂密的林木，倒叫人发生阳春烟景的感觉。我们知道这就是所谓曲江池了。曲江原是个人工池，水是浐河的水，唐玄宗开元年间引过来的。到唐朝末年，大概是通道阻塞了，池就干了，变为田亩。

在盛唐时代，这曲江池四围尽是公侯宅第，楼台亭榭大多临水，花柳相映，水光明澈，繁华景象可以想见。曲江池又是当时长安人游乐处所。逢到三月上巳、九月重阳，游人尤其多，不论贫富贵贱，大家要来应个景儿。池中荡着彩船，堤上挤着车马，做生意的陈列着四方货品，走江湖的表演着各种杂技，吹弹歌唱，玩球竞马，凡是享受取乐的玩意儿，在这里集了个大成。又因当时河西走廊畅通，文化交流极盛，形形色色都掺杂着异域的情调和色彩，更见得这里来凑个热闹可喜可乐。——照我猜想，当时情形大概跟《彼得大帝》影片里的某些场面相仿，逢到节日良辰，皇帝、贵族还肯跟庶民混在一块儿寻欢取乐，不摆出肃静回避、容我独享的臭架子。按封建时代说，这就很不错了。

至于现在，游了慈恩寺、登了雁塔的，多半要来曲江池走走，慈恩寺和曲江池自然联成个没有名称没有围墙的公园。这是个普通的星期日，而且天气阴沉，可是曲江池游人尽多。这边是一队少年先锋队在且行且唱，那边是一批工人在闲步眺望，机关里的男女干部，乡村里的小姑娘、老太太，结伴而来，兴致挺好，笑语嘻嘻哈哈的，脚步轻轻松松的。几年以来，大家已经养成习惯，工作的日子出劲工作，休假的日子认真玩乐。郊外既然有这么个好所在，谁不爱来走一走、乐一乐？一条马路正在修筑，从城里的解放路（东半边的南北干路）直通雁塔，城里人出来更方便了。一方面体育运动场也快完工。将来逢到四野花开的时节，春季晴朗的日子，或者运动会举行的期间，城里人必将倾城空巷而出，乡里人也必闹闹挤挤地出来享受他们的一份儿。这样的盛况是可以预想的。既有这新时代的盛况，封建时代的盛况也就没有什么可以留恋了。

曲江池附近有一道陷落五六丈的土沟，王宝钏的"寒窑"就在沟里。王宝钏原是"亡是公""乌有先生"一流人物，她的"寒窑"当然在"无何有之乡"，可是偏有人要指实它，足见戏剧影响社会之深。舞台上既然演《别窑》和《探窑》，那"寒窑"怎能没有个实在地点？《宝莲灯》里有劈山救母的故事，就有人在华山上指明斧劈的处所（这是听人说的，并未亲见），理由也在此。我们走下土沟去看，原来是个小小的庙宇，中间供泥塑女像，上面挂"有求必应"的匾额，王宝钏成了神了。身份虽然改变，实际还是一样——神不是也属于"亡是公""乌有先生"一流吗？庙宇实在没有什么可看，倒是庙门前的两棵白杨值得赏玩，又高又挺拔，气概非凡。回到原上看，那两棵白杨的上截高过原面一丈左右。

游临潼

那一天天气晴朗。上午九点过，我们出西安城往临潼。临潼是西安人游息的处所。逢到休假的日子，到那里去洗一个澡，爬一回山，眺望渭河和田野，精神舒快，回来做工作格外有劲儿。

经过浐河和灞河。浐河上跨着浐桥，灞河上跨着灞桥。灞河灞桥都有名。沛公入关，驻军灞上。唐朝人送出京东去的直送到灞桥，在那里设饯，折柳赠别，以灞桥为题材的送行诗也不知道有几多首。浐河比较小，灞河可宽大，虽然秋季水落，靠两边露出了沉沙，浩荡的气势还是很显然。桥是平铺的，一列的方桥墩，一个个的方桥洞，汽车、大车、行人都在桥上过。岸边有些柳树，并不是倒垂拂地的那一种，也许唐朝人所折的柳跟这个不同吧。

从灞桥柳树想起《紫钗记》传奇里的那出《折柳》。霍小玉就在这里送李益，情意缠绵，难舍难分，说灞桥"分明是一座销魂桥"。可是汤玉茗更改了《霍小玉传》的情节，让李益往河西参军，往河西怎么倒朝东走？这与其说是作者的小小疏忽，不如说他舍不得灞桥折柳的故事，定要拿来做他传奇的节目。反正像作画一样，花无正色鸟无名，只要取个意思就成，既是传奇里的动人场面，又何必核实方位，究东问西呢？

在右手边望见一座新建筑，矗起个又高又大的烟囱，形式简净明快，大玻璃窗一排上头又是一排。铁路的支线跟公路交叉，横过去直通到新建筑那里。那是西安第二发电厂，去年十一月间开的工，不到一年工夫，今年十月九日已经举行了庆祝落成发电的剪彩典礼。最新式的设计，最新式的机器，最先进的技术，机械化、自动化达到了很高的程度。厂里现有的设备全部开动起来，发电量等于西安第一发电厂的两倍。在今后的两三年内，西安、咸阳地区的工业生产用电和城市居民用电这就可以充分供应了。

两旁地里的小道上三三两两有人在走动，都汇合到公路上来。老汉衔着旱烟管。老太太带着小孙女儿，手里拄着拐杖，可是脚步挺轻爽。壮年男子跑得热了，簇新的青布棉短褂搭在肩上。年轻妇女当然爱打扮，无论留发的剪发的都把头发梳得整整齐齐的，有些个留发的还在发髻旁边插朵菊花。他们大都有说有笑的，瞧那神气好像赴什么宴会。

不但汇合到公路上来的行人越来越多，看，大车也不少呢。一辆大车往往挤着一二十人，偏着身子，挨着肩膀，有些人两条腿挂在车沿，那么一颠一荡地按着韵律前进。骡子拉着重载本来跑得慢，又因出身在乡间，跟汽车还有些生分，见我们的汽车赶过去，它索性停了步。于是赶车的老乡下来遮住骡子的视线，我们的汽车也开得挺慢，那么轻轻悄悄地蹑过去。

打听之后才知道斜口逢集，这些人大都是赶集来的。我们停车去看看。经过一条小道，从一排房子的后面抄过去就是斜口。铺子前面一些摊子已经摆得端端正正了——卖东西的到得早。菜蔬，布匹，饮食，杂用零件，陈设跟一般市集差不多。需要东西的人这边看一看，那边挑些合用的什么，或者坐下来吃一碗泡馍，几乎可以说摩肩接踵，颇有一番热烘烘的景象。市梢头陈列着许多木柜子和门窗楅扇，全是木工的手制品。秋收差不多了，农民们添置个新柜子储藏家用东西，或者买些现成的门窗楅扇把房子刷新一下，这也是改善生活的要求，料想四年以前的市集该不会有这些东西吧。

十点半到临潼。并不进临潼县城，径到华清池。这一带树木比一路上繁茂，苍翠成林。仰望骊山不怎么高，可是有丘壑，有丘壑就有姿致，绿树红叶跟山石配合，俨然入画。从前唐明皇在这里修华清宫，周围起些公卿的邸宅，不致孤单寂寞，于是在华清池洗洗温泉澡，在长生殿跟杨玉环起个鹣鹣鲽鲽的恩爱誓。就享乐方面说，他可真是个老在行。

现在所谓华清池是个紧靠着骊山的花园布置。纯粹中国式，有假山、回廊、花栏、荷池、小桥，亭馆全用彩椽，当然，浴室也包括在里头。花栏里菊花、西番莲、美人蕉开得正有劲儿，还有些粉红的大型月季——这时候还开月季，可见地气之暖。荷池里只剩荷梗了，几只鸭悠然浮在池面。这池水是从温泉引过来的，因而想起"春江水暖鸭先知"的诗句。

我们不急于洗澡，先去爬山。目的在看西安事变那时候蒋介石躲藏的处所。从华清池右边上山。土坡缓缓地屈曲地往上延伸。路不算窄，大概可以并行两辆汽车，是新修的。路旁边栽些槐树。将近半山腰才是比较陡的石级，登完石级就到捉蒋亭。亭子后面朝石壁。亭子里正面上方题一段文字，叙述西安事变前后经过的大略情形。两三个老乡为游人指点蒋介石躲藏处，其说不一。一个说亭子后面那石壁稍微凹进去像个洞子，那夜晚蒋就像耗子似的躲在里头。一个说他还想往上逃，不知是光脚底跑破了还是挫伤了腰，再也跑不动，只好闪在右手边那块岩石的侧边。听起来总不离这一带石壁。为了掩饰蒋的丑，国民党反动派就在这里修个亭子，取名叫"正气亭"。正气，这是文天祥用来题他的诗歌的，反动派可窃取珍贵的珠花往癞子脑壳上插戴。单是这个冒用美名的罪名，他们就十恶不赦。不过反动派全惯于搞这一套，你看，帝国主义者不是总把他们那些个乌烟瘴气的国度叫作"自由世界"吗？新中国成立以后，据实定名，亭子叫捉蒋亭，连同亭子里的那段文字，可以让游人知道个真情实况。

坐在捉蒋亭的台阶上休息。朝北望去，眼界宽阔极了。明蓝的晴空无边无际。渭河和它的支流界划着远处的平原，安安静静的。近处这里那里一丛丛的树林。地里差不多全种菜蔬，特别肥美，嫩绿浓绿都像起绒似的。通常说锦绣河山，这眼前的景物可真是一幅货真价实的锦绣。

下山吃过饭，在华清池旁边一家小茶馆前喝茶。帆布躺榻，矮矮的桌子，有成都茶馆的风味。茶馆老板是个爱说话的人，偶然问他几句，他就粘在那里舍不得走开。他指着半山腰的捉蒋亭，说当年捉住了蒋介石送西安，就在茶馆门前上的车——穿的单衫，一位弟兄好意，给他穿了件棉军衣。他说："蒋介石这副形容去西安，来的时候可神气呢。一路上两旁布岗位，比电线杆子密得多，上刺刀的枪横在腰间，脸全朝外，他在汽车里只看他们的后脑勺。地里做活的全都让他给赶回去，不问你的活放得下手放不下手。不用说，我们这些小铺子也非关门不可，你得做一天吃一天，那是你的事，他不管。"

模仿了几声枪响之后，茶馆老板接着说："我想，他们准是开会谈不拢，闹翻了。亏得他们闹翻，我这小铺子才得就开门。要是他住在这里过个冬，我怎么办？……后来他还来过一趟，照样布岗位，照样赶地里做活的回去，叫铺子关门。他穿一件长袍子，抬起尖下巴朝山上望了一会儿，不知道他想些什么。不多久汽车就开走了……"

茶馆附近有两个水果摊子，带卖菜蔬。曾听说临潼石榴有名，我们就买石榴。摆摊子问要酸的还是甜的。我们说当然要甜的。可是一问价钱，酸的贵一倍。什么道理呢？茶馆老板又有话说了。他说酸石榴什么病都治，妇道人家尤其爱吃。大概病人胃口不好，什么都没味，吃些酸东西倒有爽利的感觉，那是真的。说什么病都治，未免夸张过分了。至于多数妇女爱吃酸是实情，恐怕是生理的关系，不大清楚。我们反正不生病，还是买了甜的，确然甜。

摊子上还有苹果和柿子。柿子分两种。一种是大型的，朱红色，各地常见，一种是小型的，大红色，近似苏州的"金钵盂"和杭州的"火柿儿"。这种小型的柿子在西安市上见过，没注意，这回可注意了，因为联想到苏州的金钵盂。我从小不爱吃那朱红色的大型柿，生一些的，涩味巴着舌头固然难受，熟透了的，那甜味也怪腻，没有鲜洁之感。我只爱吃金钵盂。自从离开了苏州，经常遇见那些大型的，我从来不想拿一个来尝尝，可以说跟柿子绝缘了。现在看见这近似金钵盂的小型柿，不由得回忆起幼年的嗜好。捡一个熟透了的，轻轻地撕去表面那一层大红色的衣，露出朱红色的内皮，还是个柿子的形状，送到嘴里，甜得鲜洁，跟金钵盂一个样，而且没有硬核——金钵盂有硬核，或多或少。这种柿子是临潼的特产，名叫火柿，跟杭州相同。

临潼的菜蔬，白菜、花菜都好，韭黄尤其有名，在西安都吃过了。菜大都肥嫩，咀嚼起来没有骨子，很和润地咽下去。韭黄爽脆极了，咀嚼的时候起一种快感，汁水有些儿甜味，几乎没有那股臭气，吃过之后口齿间又绝不发腻。

茶馆的右手边就是公共浴池。温泉养成了临潼人勤洗澡的习惯，应该有公共浴池满足大众的需要。分男的和女的，都在屋子里，规定每天开闭的时间。我们去看男浴池。一股热气，比澡堂子里的大池子大。屋内光线不太强，可是看得清池水是清澈的。十来个近乎酱赤色的光身子泡在池水里，有几个只透出个脑袋。池沿上也有十来个人，正在擦呀抹的。

于是我们重入华清池。那一天不是星期日，等了大约一刻钟工夫就轮到我们洗澡了，据说星期日买了票等两三个钟头是常事。华清池内也有大池子，浴室分单人的、双人的，还有一间四个人的，美其名曰"贵妃池"。我和三位朋友挑了贵妃池。

池作长方形，周围全砌白瓷砖。一边一个台阶，没在水里，供洗澡的坐。不坐那台阶而坐在池底，水面齐脖子，四个人的手脚都可以自由舒展，不至于互相碰撞。水清极了，温度比福州的温泉和重庆的南温泉、北温泉似乎都高些（我只洗过这三处温泉），可是不嫌其烫。论洗澡是大池子好，你可以舒臂伸腿，转动身躯，让热水轻轻地摩擦你周身的皮肤，同时你享受一种游泳似的快感。在澡盆子里洗差多了，你只能直僵僵地躺在里头让热水泡着，两边紧紧地挨着，不免有些压迫之感。这贵妃池虽然不及大池子宽广，也尽够自由活动了。我们足足洗了三十分钟，轻松舒快，身上好像剥去了一层壳似的。起来之后倒茶壶里的水尝尝。那是煮过的温泉水，清淡，没有什么矿质的气味。

澡洗过了，到夜还有两点来钟，我们去看秦始皇墓。起先车顺着公路开，后来转入田地间的小道。一路上多的是柿子树，柿子承着斜阳显得更鲜明。没有二十分钟工夫就到了秦始皇墓下。那是个极大的土堆，据说地盘有四百亩，原先还要大得多。大略有些像金字塔，缓缓地斜上去，除了土面的草而外，什么也没有。骊山默默地衬托在背面。这一面山上红叶特别多，山容比华清池那边望见的似乎更好看。从墓顶往下望，平原上红柿子宛如秋夜的星星，洋洋大观。听说春天是一片桃花和杏花。

秦始皇墓让古来所谓"发家"的发掘过好多回了，按《高祖本纪》的记载，项羽是头一个。他们的目的无非在盗些宝物。往后在研究古代文物的整个计划之下，这座陵墓该来一回科学的发掘。前些日子在西安的《群众日报》上看见一位先生的文章，说这一带农家常常捡到古砖，又掘到过埋在地下的古时的排水管，发现过还看得清形制的建筑结构等等。猜想起来，发掘该不会一无所获，或许竟大有所获，使历史家、考古学家高兴得不得了，互相庆幸又得到了可贵的新资料。当然，这只是外行人的想头，未必有价值。——再说句外行话，要是古代通行了火葬，不搞什么坟墓，现代的历史家、考古学家至少要短少一大宗重要的凭借吧。

上了车，在小道上开行，忽听当的一声，以为小石子打在钢板上，没有事。可是回头一看，小道上画了很长的一条，是乌绿的机油。车底盛机油的部分破了。于是停车，司机仰着身子钻到车底下去检查。站起来的时候是两泡眼泪，一只手尽拍前额，几乎哭出声来。小道中间高两边低，车底当然接近些地面，车轮子滚过，小石子当然要蹦起来，完全没有理由怪到他，可是爱护公共财物的观念叫他淌了眼泪。

大家说有什么哭的，想办法要紧。吉普车的那司机说机油漏光了，花生油什么的可以代替，油箱的窟窿呢，塞一把土，拿布裹一裹，拴一下，就成了。——听那司机说办法，我立刻想起在巫山下经历的事。那一年冬天从重庆东归，飞机、轮船全没份，我们六十多人雇了两条木船。一天黄昏时分歇碚石，拢岸了，一条木船触着江边的石头，船侧边一个窟窿，饭碗那么大。那时候的惊慌情状不必细说，幸而没有事，只灌湿了好些箱笼书籍。你知道管船的怎么修补那穿了窟窿的破船？一大碗饭，拿块不知从哪里撕下来的布一裹，往窟窿里一塞，再钉上块木板，第二天早晨就照常开船了。急救治疗就有那么一手。

两个司机作急救治疗去了，我们跟几个农民商量油的事情。农民们说村里各家去问问，大家凑一些，不过要六七斤怕凑不齐。一会儿村干部也来了，问明白之后说："总得想办法，保证你们今夜晚回西安。"

太阳落下去了，道旁场上有个四十来岁的农民在收晒在那里的棉花，一大把一大把地往筐子里塞。我们跟他攀谈，不免问长问短，最后请他说说今昔的比较。他把手在筐子边上一按，似笑非笑地说："从前吗，搞出来的东西人家给拿走了，人还不得留在家里。现在搞出来的是自家的了，人也能安安心心地留在家里了。"

他这个话多么简括，说出了最主要的。在今年，他那"自家的"里头包括新盖的房子，新买的一头小牛——他那村子里有八家盖了新房子呢。真的事实，亲身的体会，什么道理都容易搞明白，搞得明白自然能够简括地扼要地说出来。在社会主义改造完成之后，就是这个农民，今天在这里一大把一大把往筐子里塞棉花的，他一定会说："从前吗，一家人勤勤恳恳地搞，可是搞不怎么多，比工人老大哥差得远。现在大伙儿合起来搞，比从前好多了，我们跟得上工人老大哥了！"

凑来的油灌好，汽车开动，已经七点多了。月亮还没升起来，车窗外的景物都成了剪影。老远就望见西安第二发电厂烟囱高头极亮的红灯，那是航空的安全设备。

从西安到兰州

十月三十一日下午两点四十分，火车从西安开，七点十多分到宝鸡。车程一百七十六公里。还没有快车，逢站都停。靠近西安和宝鸡的几站，乘客上下的多，车厢里坐得满满的。中间一段比较空，三个人的座位上有的只坐一个人。乘客里头农民居多。车上的广播室广播保藏红薯的方法，这是认定对象而又很适时的。

在咸阳和茂陵两站之间，北面耸起好些个大土堆，轮廓齐整。那是汉唐的陵墓，前些日子我们原想去看一看，可是没有去成。

南面远处是秦岭。始而终南山，既而太白山，还有好些个叫不出名儿的峰峦，一路上轮替送迎。那一天轻阴，梨树的红叶和留在枝头的红柿子都不怎么鲜明。秦岭的下半截让厚厚的白云封住。那白云的顶部那么齐平，好像用一支划线尺划过似的。韩昌黎的诗有"云横秦岭"的话，我们亲眼看见了，而且体会到那个"横"字下得实在贴切。露出在云上的峰峦或作淡青色，或作深青色，或只是那么浑然的一抹，或显出凹凸的纹理，看峰峦的远近高低而定。

有些云上的峰峦又让白云截断，还有些简直没了顶。那些看得清凹凸的纹理的峰峦，山坳里有积雪。

从咸阳起，铁路始终跟渭河平行，渭河在铁路的南面。因为距离有远近，渭河有时看不见，有时看得见。渭河的水黄浊，看来跟黄河相仿。

就农事而言，铁路两旁的田野好像跟成都平原、太湖流域都差不多。土色的黄是个显然不同之点，可是土质的肥沃恐怕不相上下。麦苗萌发了，这里那里一方方的嫩绿的绒毯。翠绿的葱绿的是各种蔬菜。林木时而稀时而密，跟方才提起的两个区域比起来，就只是绝对不见竹林，经常看见白杨树——茅盾先生所赞美的傲然挺立的白杨树。

出了宝鸡车站，人力修的开阔的马路上慢慢地前进。两旁店铺灯光不太强，显得安静。马路旁的横路渐渐低下去，坡度不怎么大。心中突然发生一种感觉，仿佛到了四川省沿江的那些城市，虽是初到，很觉亲切。

十一月一日早晨上车站，九点四十分开车，第二天上午十一点到兰州。车程五百零三公里：宝鸡到天水一百五十四公里，天水到兰州三百四十九公里。

在这条路上，最显著的是山崖迫近了，火车尽在丛山间跑。不但在丛山间跑，许多地方还得穿过山跑——这就是说在隧道里跑。隧道多极了，长的短的也不知道有几百个。一会儿电灯亮了，窗外一无所见，轮轨相击的声音特别响亮，仿佛蒙在坛子里似的。一会儿出了隧道，又看见窗外的天光山色。可是才抽得两三口烟，又钻进前一个隧道里了。这样的情形并非少见。最长的是天兰铁路的第四十一号隧道，在关内，数它是第十大隧道。

渭河也迫近了。靠着车窗往往可以低头看水流，或急或缓，或窄或宽，沿河的冲积土上种着庄稼。河中有滩的地方，哗哗的水声也可以听见。渭河怎么样弯曲，铁路就跟着它弯曲。我们的车厢挂在后段，常常看见前面的机车和车厢拐弯，宛如天骄的龙。

直到陇西，铁路才跟渭河分手，转向西北。陇西以东，铁路绝大部分在渭河北岸，少数几段移到南岸。这就得在渭河上架桥。可惜经过几座渭河大桥在夜间。后来借到《庆祝天兰铁路通车纪念画刊》来看，那几座大桥真配得上"雄姿"这个字眼。桥柱像罗马建筑的柱子那样，下面流着浩浩荡荡的渭河水，上面承着钢梁，简洁壮伟，显出现代工程的美。

不但渭河桥，铁路要跨过深谷也得架桥。那些桥往往是好几座钢塔架承着钢梁，另外一种壮观。至于中型的小型的桥梁，一眨眼间就开过的，说得笼统些，简直不知其数。

铁路既然在山间通过，就得把高低不平的山地凿成近乎水平的路堑，两旁削成斜壁，使土石不至于崩塌。好些斜壁还得加工，或者涂上水泥，或者砌上石片，筑成御土墙。有些地方筑个明洞来防御土石的崩塌。所谓明洞就是并不穿山而过的隧道，筑在山脚下，一壁贴着山，一壁显露在外，开些小穹洞，可以透光。

我们完全不懂铁路工程，照我们想，这条铁路有那么些个艰难的工程，该经过较长的年月才能完工。可是我们知道，从一九五〇年的五月到一九五二年的秋天，在不到两年半的时间内，天兰铁路就修成了，一九五二年的国庆前夕提前通车，同时又改善了陷于瘫痪状态的宝天铁路，使西北的大动脉畅通无阻。这是中国人民解放军的七万军工的功劳，这是不止一个民族的两万多民工的功劳。请听一听当时的《筑路歌》吧——"树要人来栽，路要人来开，人民天兰路，人民修起来！"唯有人民自己做了主人，彼此团结起来，发挥力量和智慧，什么高山大河都可以征服，要怎么办就怎么办。来睦铁路通车了，成渝铁路通车了，天兰铁路通车了，我们听见这些个消息，那时候的感情跟从前听见什么铁路修成了完全不一样。这一回初次经过宝天铁路和天兰铁路，我们更深切地分享到十万军工民工的成功的喜悦。

为什么说以前的宝天铁路陷于瘫痪状态呢？原来国民党政府修筑宝天铁路，工程是很草率的。曲线的半径极小，路基极狭窄，旁壁陡直，隧道大多没有加工衬砌，很多应修桥涵的地方没有修，修了桥涵的，孔径又不大，不能畅泄流水，因而线路常被崩塌的土石阻断，路基常被受阻的流水冲毁。当时名义上虽说通了车，实际上通车的日子很少。一九四九年将要解放的时候，主要桥梁又让国民党部队给破坏了，于是全线陷于瘫痪状态，只是那么一条烂铁路，简直行不来车。中华人民共和国成立以后，一面动手修筑天兰铁路，一面施工恢复宝天铁路，施工期间还是维持通车。弯曲太厉害的线路改了，路基放宽了，旁壁削斜了，该修的御土墙修起来了，隧道加上了衬砌，又加筑了好些个明洞和桥涵，孔径太小的桥涵也改大了，又吸取了苏联的先进经验，做了大规模的排水工程，种了树，种了草，用来保持水土。于是宝天铁路有了新的生命，天兰铁路工程的供应运输有了可靠的保证。

据考古学家的说法，这一带河谷两岸随着河谷的下降和黄土的冲积，形成台地，史前人类和现在的居民就住在那些台地上。台地可以分作五级。第五级台地高出现在的河面二百到五百公尺，到现在还没发现人类居住过的遗迹。下一级是第四级，那里有史前人类的墓葬。再往下是第三级和第二级，高出现在的河面二十到五十公尺，新石器时代的人类就住在那里，彩陶文化的遗迹非常丰富。第一级是现在的居民居住的地方，高出河面五到二十公尺不等，我们想象那些使用石器陶器的史前人类，他们大概只能沿着河谷活动，走那大家不约而同走出来的道路，而且不可能走得太远。河这一岸的人跟河那一岸的人彼此可以望见身影，可是，恐怕始终不能够聚在一块儿说句话吧。他们的时代距离现在不到五千年，就算它五千年吧，就整个人类历史说，五千年是很短的一会儿。可是现在，亮得发青的钢轨横躺在山岭间、河谷上了。起初是大家不约而同走出来的道路。随后是有意铺设的道路，可是行走还得凭人力，或者利用畜力。最后才有铁路，铁路把道路机械化了。这五千年的进步多大啊！此外，公路也是机械化的道路，公路上可以开行汽车卡车。河里行了轮船，水路也机械化了。空中本来没有路，自从有了飞机，空中有路了，而且一开头就是机械化。各种机械化的道路掌握在人民手里，人民的物质生活和文化生活更将飞速地提高，那还待说吗？

说得稍稍远点儿了，再来说些所见的景物吧。

一路上两旁的山大都作黄色，少树木，垦成一鳞一鳞的梯田。可是宝鸡往西开头的几站间并不然。那里山上全是树木，同是绿色而浓淡深浅有差别。又掺杂着好些红叶，红叶又分鲜红和淡红。这就够好看的了。再说那些山。不懂地质学的人只好借用画家的皴法来说。那些山的皴法显然不同：这一座是大斧劈皴，那一座是小斧劈皴；这一座是披麻皴，那一座是荷叶筋皴……几乎可以一一指点。皴法不同的好些座山重叠在周围，远处又衬托着两三峰，全然不用皴法，只是那么淡淡的一抹。忽然想起，这不跟长江三峡相仿吗？我们坐在火车里就像坐在江船里一样，峰回路转，景象时时刻刻在变换，让你目不暇接。我把这个意思告诉我的同伴。我说，没有走过三峡的，看了这里的景象也就可以知道个大概。一位同伴脱口而出："这个得拍电影！"是的，语言文字的确难以描写，唯有彩色电影才胜任。

虽说山崖迫近，也有不少地段山崖退得远一些儿。这就是所谓第一级台地吧，全都平铺着各种农作物，当然也有树木和村屋。不用想得太远，至少从周秦时代起，古先的农民就在这里翻垦每一块土，他们的汗滴在每一块土里。前一辈过去了，后一辈接上去，无休无歇，直到如今。我们如今看见的那些平田以及山上一鳞一鳞的梯田，哪一处不留着历代农民改造自然的"手泽"？仔细想来，实在是伟大的事业。最近大家认明了总路线，知道农业要经过社会主义改造，不再像以前那样光靠"一手一足之烈"，要大伙儿合起来搞，要逐步机械化。预想改造完成的时候，农村经过飞跃的改变，景象必然跟如今大不相同，那是更伟大的事业了。第二天早晨醒来，车正靠站，站名梁家坪，距离兰州只有十多站了。连绵的黄色的山，山顶大多平圆。村落里的房屋用黄土嗲筑的多，偶尔看见用砖瓦的。除了地里的农作物和一些树木，就只见浑然一片的黄。可是将近兰州的时候，景象就不同了。显著的是树木多了，这里一丛，那里一丛，树叶还没有落，苍然成林，其中有拂着地面的垂柳。地里界划着发亮的小溪沟，沟水缓缓地流动。好些地里刚灌过，着潮的土色显得深些。那溪沟里的水是黄河水，用大水车引上来。兰州附近一带用水车引黄河水从明朝开始，据说是一位理学家段容思的儿子段续从西南方面学来的。现在有水车两百多架，每架可以灌五十亩到百把亩。

在兰州附近看见好些地里尽是小卵石或是黑色的小石

片，平匀地铺在那里，像富春江的江底。我们不明白那是什么玩意儿，打听人家才知道那是兰州农作方面一种特殊的发明。原来兰州的土地干燥，又含着卤质，遇到旱天虽有沟水灌溉，还是嫌干燥，下过大雨卤质若升起来，都对农事不利。于是发明沙地的办法——把湿沙平匀地铺在地面，上面再铺一层小卵石或是小石片来保持它。在旱天，那沙地有减少蒸发、保护幼苗的功用；大雨下过，雨水透过沙地渗到土里，卤质不至于升起来，因而水旱都可以不愁。这是很细致很烦劳的功夫。你想，田地多么大，沙和卵石石片就得铺多么大。可是农民为了生产，愿意下这个又细致又烦劳的功夫。据说铺一回沙可以支持三十年，过了三十年，沙老了，必须去掉旧沙，换上新沙。

黄河又见面了，在铁路的北面。几个人在河岸边慢慢地走，各揹着个长方形的架子，比人身高，架子上是些胀鼓鼓的东西，看不太清楚。可是我们立刻想到那是羊皮筏。看，黄河上一个人蹲在羊皮筏上轻飘飘地浮过去了。羊皮筏闻名已久，现在才亲眼看见，心中涌起这一回非试它一下不可的想头。

看图表，兰州海拔一千五百公尺。路上经过的寒水岔、金家庄两站最高，都在两千公尺以上。从宝鸡到寒水岔是一路往上爬。

坐羊皮筏到雁滩

　　初次看见羊皮筏的照片在二十年前。凭这个东西可以在水上行动，像陆上坐车似的，虽然没有什么不相信，总觉得有些特别，有些异感。再说这个东西的构造也看不大清楚，胀鼓鼓的仿佛一笼馒头，说是羊皮，可不知道怎么搞的。这回到兰州，才亲眼看见羊皮筏，而且坐了羊皮筏过渡到雁滩——雁滩是黄河中的沙洲。

　　羊皮筏用的是整张的羊皮。我说整张，也许会引起误会，会叫人家想起做皮袄皮袍子的皮料那样的整张。因而必须赶紧说明，并不是那样展开的整张。打个比方，好比蛇蜕下来的皮，蛇爬到别处去了，蜕下来的皮留着，虽然那么瘪瘪的，可还是蛇的形状——是那样保持着原状的整张。宰羊的人剥羊皮（不用说，羊毛先剃光了），让羊皮从肌肉骨骼上蜕下来，整张上只有四个窟窿。前肢在膝盖的部位切断，一边一个窟窿。脑袋去掉，脖子的部位一个大窟窿。两条后肢全去掉，臀部的一个窟窿更大。把三个窟窿拴紧，留下一个吹气（为方便起见，当然在前肢的两个里头留一个），吹足了气也把它拴紧。于是成了个长形的气囊，还看得出羊身体的形状。

四个或五六个气囊并排连成一排，看羊皮的大小而定。又把三排气囊竖着接连起来，就成个长方形的联结体。一个联结体少则十二个气囊，多则十五六个。在这联结体上平铺一个长方形的木架，用绳子系着。木架的结构像个横写的"册"字——当然只是大略的比拟罢了，"册"字底下没有一横，可是那架子底下有一横，"册"字只有四竖，可是那架子有十多竖，两竖之间的距离比人的脚短些，一只脚可以在两竖上踏稳。这就齐全了，羊皮筏的装置尽在于此了。

不知道一个羊皮筏有多重。看来不会太重，因为筏工用一条扁担支着它，把它背在背上，一只手按住扁担的另一头，走起来挺轻松的。有人雇乘了，讲好价钱，筏工就把它放在河沿水面上，让乘客跨上去。

还有牛皮筏，我们没看见。听说牛皮筏是装重载的，支起篷帐，里面住人，顺流而下驶往宁夏。要是把牛皮筏比做运货大卡车，那么羊皮筏就是小汽车，坐这么几个人，在近处兜兜罢了。

我们听过朋友的解说，说羊皮筏非常稳当，绝对保险，虽然看起来有些异样，跟习惯的船只很少相同之点。我们跨上去，有些晃荡，可是不比西湖里的小划子晃荡得厉害。照惯例，乘客应当两只脚踏在两条横木上，身体蹲下来，着力在两条腿上。我腿力不济，没法蹲，只好一屁股坐下来，下面贴着木条和羊皮。我们四个人，加上筏工跟一个附载的挑面粉的，筏上共载六个人。

羊皮筏吃水极浅，所以能贴近沙滩，便于上下。羊皮筏有弹力，碰着滩石就弹开来，不至于撞破，就是撞破了一个气囊，还有其他十几个气囊在，影响并不大。羊皮筏的底跟面一般大小，就是在水势大风浪猛的时候，也不过跟着波浪上落而已，无论如何打不翻。我们坐在羊皮筏上谈着这些个，觉得非常稳当的说法确然属实。还有一层，我们想，要是兰州一带羊肉的消费量不怎么大，恐怕也不会有什么羊皮筏吧。

筏工把扁担插入黄流，悠然划着——扁担的身份改变了，它又是桨，又是舵。雁滩横在前面，林木繁茂，金黄色的斜阳照着，一派气爽秋高的景象。对岸的山耸列在雁滩背后，沉默之中透着庄严。朝左望上游，朝右望下游，虽然秋季水落，还是有浩荡渺茫的气势。身下的羊皮筏太藐小了，不妨看作没有这个羊皮筏，于是我们觉得我们跟大自然更亲密了，我们浮在水面上，我们的呼吸跟黄河的流动、连山的沉默、青天的明朗息息相通。往年在四川乐山，渡江游凌云山、乌尤山，方当水涨，小划子在开阔之极的波面上晃荡，我也曾有过同样的感觉。

没有十分钟工夫就到了雁滩。从前没住人的时候，这河中的沙洲当然是雁栖息之所——雁滩原是个写实的名称。同时又富有诗意画意，古来取雁宿洲渚为题材的也不知道有几多诗篇画幅。现在滩上住着好些人家，都以种菜为业，又有公家的农场苗圃，雁大概不会下来栖息了吧。可是雁滩还是个挺耐人寻味的名称。

我们先往农场。果树上没有什么果子了，可是会客室桌子上陈列着两大盘苹果，色彩不一，又好看又大，几乎可以说耀人眼睛。招待我们的一位同志说场里苹果的品种很多，盘子里是四种。又说果子都藏在地窖里了，数量不多，还不能普遍供应。又说农场的任务之一是推广优良品种，兰州产瓜果本来有名，再在选择品种上下功夫，前途更光明了。他一边说一边让我们尝苹果，尝了一种又尝一种，把四种尝遍。

最大型的一种叫"大元帅"——这名称大概就从大型而来，皮作红绿两色，红的地方鲜红，绿的地方翠绿，味甜，入口有松爽的感觉。另一种叫"印度"，皮纯青色，入口爽脆极了，鲜美极了。第三种叫"青香蕉"，跟"印度"一样作纯青色，稍稍淡些，带着香蕉的香味。第四种叫"玉霞"，皮作黄色——像半熟的香蕉那样的黄色，口味也挺不错。很难说四种里头哪一种更好，很难想起以往吃过的苹果也有这么好，一时间尝到这些个好品种，真可以说此游一乐。

尝着好苹果，同时想起幼年吃的苹果。那是四五十年前的事了。中秋前后，苏州水果铺里苹果上市了，至少不过陈列这么五六十个，红绿色的表皮上大多印着黄锈的癥痕，大的有铜圆那么大。无所谓这种那种的分别，只知道这叫作天津苹果，老远地走海道来的。吃这种苹果也无须用刀子削皮。一般人都用大拇指的指甲从果柄的部分刮到结蒂的部分，好比在地球图上画经线，把整个苹果刮遍。于是表皮就可以撕下来。把撕了皮的苹果送到嘴边一口一口地啃，酥极了，宛如吃豆沙包子，舌头上辨得出细沙似的颗粒，咽下去有饱的感觉。我小时候以为苹果就该那么吃，苹果的味道就是那么不爽不利、黏舌腻喉的，老实说，我对苹果没有多大好感。后来在上海吃新鲜苹果，方才领略到苹果的爽脆和鲜美，好就好在这个爽脆和鲜美，小时候的认识完全不是那么一回事。可是历年吃的新鲜苹果也不算少，仿佛全比不上这回在雁滩吃的。

在雁滩谈起瓜，没吃瓜，可是在别处吃了。兰州的瓜太好了，不能不连带说一说。我要说的叫绿瓤甜瓜，属于香瓜一类。香瓜一类跟西瓜一类的主要不同点，瓤和肉可以划然分开，不像两瓜那样肉连着瓤，没有显著的界限。咱们吃西瓜吃它的瓤，吃香瓜不吃瓤，吃它的肉。这些都是大家知道的，不必细说。香瓜一类通常有黄金瓜、翠瓜，大略有些儿香味，不怎么甜，有的决然不甜，上市的时候，咱们也爱尝一尝，应个景儿，可是总不能成为咱们的嗜好。离苏州三十六里有个乡镇叫甪直，我在那里住过好几年，那里出产一种苹果瓜，形状像苹果，小饭碗那么大，青皮绿肉，比一般黄金瓜甜些，苏州一带认为名贵的品种，实际上也不过如此。兰州的绿瓤甜瓜也大略像苹果，有儿童玩的小足球那么大，皮作白色，白里带黄，并不好看，切开来可好看了，嫩绿的肉好像上品的翡翠。咬一口那嫩绿的肉，水分多，味道甜而鲜，稍稍咀嚼几下，就那么和润地咽下去，仿佛没有什么质料似的。吃过一两块，只觉得甜美清凉直透心脾，真可以说无上的享受。这种瓜可以久藏，到春节的时候拿出来，是绝妙的岁朝清赏。

　　还得说一说哈密瓜。兰州市街在一个拐角处聚集着好些家回民开设的铺子，贩卖新疆的土产特产，哈密瓜就在那里买。哈密瓜也属于香瓜一类，形状像橄榄球，大小也相当。皮作暗绿色，粗糙，有细碎的并不深刻的裂纹。切开来，肉作淡黄色——也可以说淡红色，跟南瓜差不多。甜味似乎比绿瓤甜瓜厚些，不如绿瓤甜瓜的清，水分也比较少些。哈密瓜声名很大，在往时，绝大多数人仅闻其名，不知道究竟是怎么样一件东西。往后交通日益发展，铁路网像蜘蛛网似的结起来，一方面产地讲究培植，提高产量，我想，哈密瓜和兰州的绿瓤甜瓜、"大元帅"之类必然会在各地水果铺里出现，家喻户晓，像广东香蕉、天台柑橘一样。

　　说得远了，现在回到雁滩。我们吃过苹果，就出来随处看看。这里是苹果树，那里是梨树、桃树。白杨的苗木密密地插在那里，只看见平行的直干子。沙路旁边的槐树伸展着近乎羽状的叶片。垂柳倒挂下来，叶子一动不动，虽然到了深秋时节，仿佛还不预备凋零似的。四围寂然，只听见黄河流动的静静的声音。

这雁滩是兰州人游息的地方，尤其在夏天。工作人员逢到假日来这里消磨这么一天半天，好在四围全有树木，无论上午下午都可以遮荫，沙地上坐坐躺躺又是挺舒服的。放暑假的学生几乎把这里看作第二学校，大伙聚在一块儿，看一回书，做一回游戏，开一个什么会，比平时的学校生活还要愉快。兰州夏天本来不怎么热，这雁滩尤其凉爽。在这凉爽的境界里，看那庄严静穆的山峦、浩荡渺茫的黄河，看那山光水色随着朝晚阴晴而变化，简直是精神上洗一回澡，洗得更见清新，更见深湛。

好些个农民挑着满担的花菜往河边，搭乘羊皮筏。那花菜是才在地里割的，赶紧挑出去，下一天早晨兰州市上就有"还没断气"的新鲜花菜。

暮色压下来了，压着连山，压着林木，压着黄河，也压着我们的眉梢。于是我们又跨上羊皮筏。

藕与莼菜

同朋友喝酒，嚼着薄片的雪藕，忽然怀念起故乡来了。若在故乡，每当新秋的早晨，门前经过许多乡人：男的紫赤的胳膊和小腿肌肉突起，躯干高大且挺直，使人起健康的感觉；女的往往裹着白地青花的头巾，虽然赤脚，却穿短短的夏布裙，躯干固然不及男的那样高，但是别有一种健康的美的风致；他们各挑着一副担子，盛着鲜嫩的玉色的长节的藕。在产藕的池塘里，在城外曲曲弯弯的小河边，他们把这些藕一再洗濯，所以这样洁白。仿佛他们以为这是供人品味的珍品，这是清晨的画境里的重要题材，倘若涂满污泥，就把人家欣赏的浑凝之感打破了。这是一件罪过的事，他们不愿意担在身上，故而先把它们洗濯得这样洁白，才挑进城里来。他们要稍稍休息的时候，就把竹扁担横在地上，自己坐在上面，随便拣择担里过嫩的"藕枪"或是较老的"藕朴"，大口地嚼着解渴。过路的人就站住了，红衣衫的小姑娘拣一节，白头发的老公公买两支。清淡的甘美的滋味于是普遍于家家户户了。这种情形差不多是平常的日课，直到叶落秋深的时候。

在上海这里，藕这东西几乎是珍品了。大概也是从我们故乡运来的。但是数量不多，自有那些伺候豪华公子硕腹巨贾的帮闲茶房们把大部分抢去了；其余的就要供在较大的水果铺里，位置在金山苹果、吕宋香芒之间，专待善价而沽。至于挑着担子在街上叫卖的，也并不是没有，但不是瘦得像乞丐的臂和腿，就是涩得像未熟的柿子，实在无从欣羡。因此，除了仅有的一回，我们今年竟不曾吃过藕。

这仅有的一回不是买来吃的，是邻居送给我们吃的。他们也不是自己买的，是从故乡来的亲戚带来的。这藕离开它的家乡大约有好些时候了，所以不复呈玉样的颜色，却满披着许多锈斑。削去皮的时候，刀锋过处，很不爽利。切成片送进嘴里嚼着，有些儿甘味，但是没有那种鲜嫩的感觉，而且似乎含了满口的渣，第二片就不想吃了。只有孩子很高兴，他把这许多片嚼完，居然有半点钟工夫不再作别的要求。

想起了藕就联想到莼菜。在故乡的春天，几乎天天吃莼菜。莼菜本身没有味道，味道全在于好的汤。但是嫩绿的颜色与丰富的诗意，无味之味真足令人心醉。在每条街旁的小河里，石埠头总歇着一两条没篷的船，满舱盛着莼菜，是从太湖里捞来的。取得这样方便，当然能日餐一碗了。

而在上海这里又不然，非上馆子就难以吃到这东西。我们当然不上馆子，偶然有一两回去叨扰朋友的酒席，恰又不是莼菜上市的时候，所以今年竟不曾吃过。直到最近，伯祥的杭州亲戚来了，送他瓶装的西湖莼菜，他送给我一瓶，我才算也尝了新。

向来不恋故乡的我，想到这里，觉得故乡可爱极了。我自己也不明白，为什么会起这么深浓的情绪？再一思索，实在很浅显：因为在故乡有所恋，而所恋又只在故乡有，就萦系着不能割舍了。譬如亲密的家人在那里，知心的朋友在那里，怎得不眷恋？怎得不怀念？但是仅仅为了爱故乡吗？不是的，不过在故乡的几个人把我们牵系着罢了。若无所牵系，更何所恋念？像我现在，偶然被藕与莼菜所牵系，所以就怀念起故乡来了。

所恋在哪里，哪里就是我们的故乡了。

卖白果

总弄里边不知不觉笼上黄昏的暮色，一列电灯亮起来了。三三两两的男子和妇女站在各弄的口头，似乎很正经的样子，不知在谈些什么。几个孩子，穿鞋没拔上跟，他们互相追赶，鞋底擦着水门汀地，作"替替"的音响。

这时候，一个挑担的慢慢地走进弄来，他向左右观看，顿一顿再向前走两三步。他探认主顾的习惯就是如此；主顾确是必须探认的，不然，挑着担子出来难道是闲耍吗？走到第四弄的口头，他把担子歇下来了。我们试看他的担子。后头有一个木桶，盖着盖子，看不见盛的是什么东西。前头却很有趣，装着个小小的炉子，同我们烹茶用的差不多，上面承着一只小镬子。瓣状的火焰从镬子旁边舔出来，烧得不很旺。在这暮色已浓的弄口，便构成个异样的情景。

他开了镬子的盖子，用一片蚌壳在镬子里拨动，同时不很协调地唱起来了："新鲜热白果，要买就来数。"发音很高，又含有急促的意味。这一唱影响可不小，左弄右弄里的小孩子陆续奔出来了，他们已经神往于镬子里的小颗粒，大人在后面喊着慢点儿跑的声音，对于他们只是微茫的喃喃了。

据平昔的经验，听到叫卖白果的声音时，新凉已经接替了酷暑。扇子虽不至于就此遭到捐弃，总不是十二分时髦的了。因此，这叫卖声里似乎带着一阵凉意。今年入秋转热，回家来什么也不做，还是气闷，还是出汗。正在默默相对，仿佛要叹息着说莫可奈何之际，忽然送来这么带着凉意的一声两声，引起我片刻的幻想的快感，我真要感谢了。

这声音又使我回想到故乡的卖白果的。做这营生的当然不只是一个，但叫卖的声调却大致相似，悠扬而轻清，恰配作新凉的象征；比较这里上海的卖白果的叫卖声有味得多了。他们的唱句差不多成为儿歌，我小时候曾经受教于大人，也模仿着他们的声调唱：

烫手热白果，
香又香来糯又糯：
一个铜钱买三颗，
三个铜钱买十颗。
要买就来数，
不买就挑过。

这真是粗俗的通常话，可是在静寂的夜间的深巷中，这样不徐不疾，不刚劲也不太柔软地唱出来，简直可以使人息心静虑，沉入享受美感的境界。本来，除开文艺，单从声音方面讲，凡是工人所唱的一切的歌，小贩呼唤的一切叫卖声，以及戏台上红面孔白面孔、青衫长胡子所唱的戏曲，中间都颇有足以移情的。我们不必辨认他们唱的是些什么话，含着什么意思，单就那调声的抑扬徐疾、送渡转折等等去吟味；也不必如考据家内行家那样用心，推究某种俚歌源于什么，某种腔调是从前某老板的新声，特别可贵，只取足以悦我们的耳的，就多听它一会。这样，也就可以获得不少赏美的乐趣。如果歌唱的也就是极好的文艺，那当然更好，原是不待说明的。

这里上海的卖白果的叫卖声所以不及我故乡的，声调不怎么好自然是主因，而里中欠静寂，没有给它衬托，也有关系。弄里的零零碎碎的杂声，里外马路上的汽车声，工厂里的机器声，搅和在一起，就无所谓静寂了。即使是神妙的音乐家，在这境界中演奏他生平的绝艺，也要打个很大的折扣，何况是不足道的卖白果的叫卖声呢。

但是它能引起我片刻的幻想的快感，总是可以感谢而且值得称道的。

牛

在乡下住的几年里，天天看见牛。可是直到现在还像显现在眼前的，只有牛的大眼睛。冬天，牛拴在门口晒太阳。它躺着，嘴不停地磋磨，眼睛就似乎比忙的时候睁得更大。牛眼睛好像白的成分多，那是惨白。我说它惨白，也许为了上面网着一条条血丝。我以为这两种颜色配合在一起，只能用死者的寂静配合着吊丧者的哭声那样的情景来相拟。牛的眼睛太大，又鼓得太高，简直到了使你害怕的程度。我进院子的时候经过牛身旁，总注意到牛鼓着的两只大眼睛在瞪着我。我禁不住想，它这样瞪着，瞪着，会猛地站起身朝我撞过来。我确实感到那眼光里含着恨。我也体会出它为什么这样瞪着我，总距离它远远地绕过去。有时候我留心看它将会有什么举动，可是只见它呆呆地瞪着，我觉得那眼睛里似乎还有别的使人看了不自在的意味。

我们院子里有好些小孩，活泼、天真，当然也顽皮。春天，他们扑蝴蝶。夏天，他们钓青蛙。谷子成熟的时候到处都有油蚱蜢，他们捉了来，在灶膛里煨了吃。冬天，什么小生物全不见了，他们就玩牛。

有好几回，我见牛让他们惹得发了脾气。它绕着拴住它的木桩子，一圈儿一圈儿地转。低着头，斜起角，眼睛打角底下瞪出来，就好像这一撞要把整个天地翻个身似的。

孩子们是这样玩的：他们一个个远远地站着，捡些石子朝牛扔去。起先，石子不怎么大，扔在牛身上，那一搭皮肤马上轻轻地抖一下，像我们的嘴角动一下似的。渐渐地，捡来的石子大起来了，扔到身上牛会掉过头来瞪着你。要是有个孩子特别胆大，特别机灵，他会到竹园里找来一根毛竹，伸得远远地去撩牛的尾巴，戳牛的屁股，把牛惹起火来。可是，我从未见过他们撩起牛的头。我想，即使是小孩，也从那双大眼睛看出使人不自在的意味了。

玩到最后，牛站起来了，于是孩子们轰的一声，四处跑散。这种把戏，我看得很熟很熟了。

有一回，正巧一个长工打院子里出来，他三十光景了，还像孩子似的爱闹着玩。他一把捉住个孩子，"莫跑，"他说，"见了牛都要跑，改天还想吃庄稼饭？"他朝我笑笑说，"真的，牛不消怕得。你看它有那么大吗？它不会撞人的。牛的眼睛有点不同。"

以下是长工告诉我的话。

"比方说，我们看见这根木头桩子，牛眼睛看来就像一根撑天柱。比方说，一块田十多亩，牛眼睛看来就没有边，没有沿。牛眼睛看出来的东西，都比原来大，大许多许多。看我们人，就有四金刚那么高，那么大。站到我们跟前它就害怕了，它不敢倔强，随便拿它怎么样都不敢倔强。它当我们只要两个指头就能捻死它，抬一抬脚趾拇就能踢它到半天云里，我们哈气就像下雨一样。那它就只有听我们使唤，天好，落雨，生田，熟田，我们要耕，它就只有耕，没得话说的。你先生说对不对，幸好牛有那么一双眼睛。不然的话，还让你使唤啊，那么大的一个，力气又蛮，踩到一脚就要痛上好几天。对了，我们跟牛，五个抵一个都抵不住。好在牛眼睛看出来，我们一个抵它十几个。"

以后，我进出院子的时候，总特意留心看牛的眼睛，我明白了另一种使人看着不自在的意味。那黄色的浑浊的瞳仁，那老是直视前方的眼光，都带着恐惧的神情，这使眼睛里的恨转成了哀怨。站在牛的立场上说，如果能去掉这双眼睛，成了瞎子也值得，因为得到自由了。

课本里的作家

序　号	作　家	作　品	年　级
1	金　波	金波经典美文：第一辑 树与喜鹊	一年级
2	金　波	金波经典美文：第二辑 阳光	
3	金　波	金波经典美文：第三辑 雨点儿	
4	金　波	金波经典美文：第四辑 一起长大的玩具	
5	夏辇生	雷宝宝敲天鼓	
6	夏辇生	妈妈，我爱您	
7	叶圣陶	小小的船	
8	张秋生	来自大自然的歌	
9	薛卫民	有鸟窝的树	
10	樊发稼	说话	
11	圣　野	太阳公公，你早！	
12	程宏明	比尾巴	
13	柯　岩	春天的消息	
14	窦　植	香水姑娘	
15	胡木仁	会走的鸟窝	
16	胡木仁	小鸟的家	
17	胡木仁	绿色娃娃	
18	金　波	金波经典童话：沙滩上的童话	二年级
19	高洪波	高洪波诗歌：彩色的梦	
20	冰　波	孤独的小螃蟹	
21	冰　波	企鹅寄冰·大象的耳朵	
22	张秋生	妈妈睡了·称赞	
23	孙幼军	小柳树和小枣树	
24	吴　然	吴然精选集：五彩路	三年级
25	叶圣陶	荷花·爬山虎的脚	
26	张秋生	铺满金色巴掌的水泥道	
27	王一梅	书本里的蚂蚁	
28	张继楼	童年七彩水墨画	

序 号	作 家	作 品	年 级
29	张之路	影子	三年级
30	曹文轩	曹文轩经典小说：芦花鞋	四年级
31	高洪波	高洪波精选集：陀螺	
32	吴 然	吴然精选集：珍珠雨	
33	叶君健	海的女儿	
34	茅 盾	天窗	
35	梁晓声	慈母情深	五年级
36	陈慧瑛	美丽的足迹	
37	丰子恺	沙坪小屋的鹅	
38	郭沫若	向着乐园前进	
39	叶文玲	我的"长生果"	
40	金 波	金波诗歌：我们去看海	六年级
41	肖复兴	肖复兴精选集：阳光的两种用法	
42	臧克家	有的人——臧克家诗歌精粹	
43	梁 衡	遥远的美丽	
44	臧克家	说和做——臧克家散文精粹	七年级
45	郭沫若	煤中炉·太阳礼赞	
46	贺敬之	回延安	八年级
47	刘成章	刘成章散文集：安塞腰鼓	
48	叶圣陶	苏州园林	
49	茅 盾	白杨礼赞	
50	严文井	永久的生命	
51	吴伯箫	吴伯箫散文选：记一辆纺车	
52	梁 衡	母亲石	
53	汪曾祺	昆明的雨	
54	曹文轩	曹文轩经典小说：孤独之旅	九年级
55	艾 青	我爱这土地	
56	卞之琳	断章	
57	梁实秋	记梁任公先生的一次演讲	高中
58	艾 青	大堰河——我的保姆	
59	郭沫若	立在地球边上放号	